MW01087414

Guía de Hábitos Inteligentes

36 Pequeños Cambios de Vida

que su Cerebro Agradecerá

De I. C. Robledo

Página Web: www.Amazon.com/author/icrobledo

Traducido por M. C. Londoño

Guía de Hábitos Inteligentes: 36 Pequeños Cambios de Vida que Su Cerebro Agradecerá Copyright © 2015 de Issac Robledo.

Derechos Reservados. Ninguna parte de este libro puede ser reproducida en cualquier forma sin permiso escrito por parte del autor. Pasajes breves pueden ser citados para fines de revisión.

Declaración

Aunque al momento de la impresión, el autor y editor han hecho todo el esfuerzo posible para asegurarse de que la información en este libro sea correcta, el autor y editor no asumen ninguna responsabilidad y quedan exentos de cualquier responsabilidad a cualquier persona por cualquier pérdida, daño, o problema ocasionado por errores u omisiones, ya sea que tales errores u omisiones sean el resultado de negligencia, accidente o cualquier otra causa.

Este libro no es intencionado como un sustituto para la recomendación médica de doctores. El lector debe consultar un doctor regularmente en cuanto a los asuntos relacionados con su salud, y particularmente, con respecto a cualquier síntoma que pueda requerir diagnóstico o atención médica.

Los puntos de vista expresados son únicamente del autor, y no deben ser considerados como instrucciones u órdenes de un experto. El lector es responsable por sus propias acciones.

La adhesión a todas las leyes y regulaciones aplicables, incluyendo internacionales, federales, estatales y de gobierno de licencia profesional local, las prácticas comerciales, la publicidad y todos los demás aspectos de hacer negocios en los Estados unidos, Canadá , o cualquier otra jurisdicción, es responsabilidad exclusiva del comprador o lector.

Ni el autor ni la casa editorial asumen ninguna responsabilidad u obligación legal alguna en nombre del comprador o lector de este material.

Cualquier percepción ligera de cualquier individuo u organización es completamente no intencionada.

Contenido

Desafiarse y Tratar Cosas Nuevas

#11. Utilizar Juegos que Involucren Pensamiento Crítico, Planificación o Cálculo

#12. Utilizar Programas de Entrenamiento Mental

#13. Cambiar Sus Rutinas

#14. Practicar la Observación de Detalles en Su Entorno

#15. Realizar Experimentos Mentales

#16. Llevar a Cabo Experimentos de Vida

#17. Resolver Problemas de Matemáticas Mentalmente

Socializar Su Cerebro

#18. Hablar con Niños que Tienen Curiosidad

#19. Tener una Conversación Estimulante con un Amigo que Provoca a la Reflexión

#20. Enseñar o Mostrar a Alguien Cómo Realizar una Tarea

#21. Practicar Pensar con Claridad

#22. Practicar Hablar Claramente

Su Regalo Gratuito

Como agradecimiento por su compra, me gustaría ofre-cerle un reporte exclusivo y gratuito. Se titula *Los 7 Mejores Recursos para Aprender de Manera Gratuita.* Si alguna vez se ha preguntado cuáles son los mejores sitios y recursos para aprender cualquier cosa de manera gratuita, este informe realmente le resultará muy útil.

Más o menos en los últimos diez años, ha estado sucediendo una especie de revolución de aprendizaje de forma gratuita. Cada vez se están haciendo disponibles más recursos para el público. Con tantos recursos nuevos saliendo sería fácil perderse algunas de las grandes oportunidades de aprendizaje disponibles, si usted no leyera este reporte. Es un informe corto de alrededor de 2,500 palabras y le dice exactamente lo que usted necesita saber.

Este informe proviene de mi propia experiencia con el uso de una variedad de recursos y sitios de aprendizaje gratuitos. En este reporte usted descubrirá los mejores lugares para ir a aprender sin costo alguno. Además, explicaré cuáles recursos son mejores para usted en función de sus objetivos de aprendizaje.

Usted puede descargar este informe gratuito en formato PDF escribiendo este sitio web en su navegador: http://eepurl.com/bfovk1

Introduciendo Hábitos Inteligentes

A veces he escuchado a personas referirse a ellos mismos y a otros como inteligentes o tontos, como si tuvieran que ser uno o el otro. Me he dado cuenta de que las personas muy inteligentes tienden a poner en práctica en sus vidas lo que yo llamo 'hábitos inteligentes'. Y las personas que no son vistas como inteligentes generalmente no practican estos hábitos. Utilizando hábitos inteligentes, cualquiera puede trabajar en mejorar sus capacidades intelectuales. Creo que la mayoría de las veces, las personas que no se ven a sí mismas como inteligentes, simplemente todavía no han aprendido acerca de los hábitos correctos para hacer un mejor uso de sus mentes. Ya sea que usted se vea a sí mismo como inteligente o no, este libro puede ayudarle en el camino hacia el desarrollo de su intelecto. Esto es posible mediante el poder de los hábitos inteligentes.

¿Qué es un Hábito Inteligente?

Un hábito inteligente es simplemente una acción que usted realiza con regularidad porque le ayuda a desarrollar más su mente y su intelecto. Este libro estará dedicado en su totalidad a los hábitos inteligentes y cómo puede utilizarlos en su vida.

¿Por qué los Hábitos Inteligentes son Importantes?

Pasé años cuando era más joven pensando que yo era tonto y lento. Esto no era cierto, solo que no me había dado cuenta de que para desarrollar una mente inteligente, hay que adoptar hábitos que sean desafiantes y que estimulen la mente a trabajar. La escuela puede enseñarle algunas cosas, pero generalmente no le enseñará acerca de cuáles hábitos le ayudarán en el desarrollo de su intelecto. Cuando el aprendizaje empieza y termina en el aula de clases usted tiene menos probabilidades de alcanzar su potencial.

El secreto acerca de la gente inteligente es que no nacieron de esa manera. Se requiere algo de trabajo para cultivar una mente inteligente. Imagínese a alguien que pasa todo su tiempo viendo repeticiones de novelas. ¿Qué tan talentosa pudiera ser una persona así, si no tiene algún enfoque en hacer algo desafiante? Es un mito que las personas inteligentes lo tienen todo fácil. Generalmente trabajan duro, quizás diariamente, para mejorar sus mentes. Ellos están familiarizados con los hábitos inteligentes, y practican su uso con regularidad.

Permítame contarle un poco acerca de mis antecedentes, antes de continuar hablando con más profundidad sobre de qué tratan los hábitos inteligentes. Cuando estaba en la escuela secundaria era un estudiante de B tomando algunos de los cursos más avanzados que se ofrecían. Yo tenía un amigo que usualmente ganaba Cs y que tomaba clases regulares, y él siempre tenía la idea de que yo era mucho más inteligente que él.

Mi amigo creía que no era posible que yo entendiera lo difícil que eran las cosas para él, porque pensaba que todo era fácil para mí. Debió de asumir que yo había nacido para ser inteligente y que eso era todo. Pero él estaba equivocado. Si yo nunca hubiera trabajado en adquirir hábitos inteligentes, hoy día no sería inteligente en absoluto.

En una ocasión este amigo me dijo que estaba fracasando en geometría. Me ofrecí a ayudarle ya que me estaba desempeñando bastante bien en esa materia. Él rechazó mi oferta, y me pareció que había renunciado a sí mismo. Le recordé varias veces que estaba dispuesto a ayudarle sin ningún costo, pero nunca tomó mi oferta en serio. Pensé en esta situación por algún tiempo, y me di cuenta de que este amigo mío *no* era tonto, a pesar de que terminó fracasando la clase. Simplemente él no se dio cuenta de que las personas inteligentes tienen ciertos hábitos que les dan ventajas. Ellos obtienen mejores resultados porque son buenos en el uso de hábitos que funcionan bien para ellos. Uno de esos hábitos resultó ser estar dispuesto a recibir ayuda cuando realmente la necesita (Hábito #29).

Descubrí por primera vez el poder de los hábitos inteligentes a través de la observación de mis padres. Ambos eran inmigrantes a los Estados Unidos y se esforzaron mucho para desarrollar buenas carreras profesionales. Cuando era un niño me di cuenta de que mi mamá hacía muchas preguntas detalladas con bastante regularidad. Si estábamos en la oficina del doctor cuando yo estaba enfermo, ella se aseguraría de saber qué hacer en cualquier circunstancia posible.

Ella preguntaría acerca de efectos secundarios, sobre si yo tenía un problema que podría empeorar, y así sucesivamente. Yo solía pensar que hacer tantas preguntas era señal de tener poco conocimiento de algo. Pero más adelante llegué a comprender que haciendo muchas preguntas es exactamente como las personas llegan a comprender verdaderamente un tema. Era un hábito inteligente (Hábito #6).

También aprendí de mi padre. Generalmente, siempre estaba bien informado sobre acontecimientos en todo el mundo. Leía periódicos, revistas científicas y libros de diversos temas. Hablaba de historia, política, ciencia, y de muchas otras áreas también. De niño, a veces yo tenía dificultades para entender cuando mi padre entraba en explicaciones detalladas de por qué el mundo es como es. Un aspecto importante que yo comprendí observando a mi padre es que se puede aprender muchísimo a través de la lectura. Ese también es un hábito inteligente (Hábito #1).

Desde que asistía a la escuela secundaria he estado muy interesado en comprender cómo y por qué a la gente inteligente le va bien en la vida. En aquel entonces, como he mencionado, yo no me sentía muy talentoso. Tenía miedo de que al crecer sería lento y poco capaz, y temía llegar a estar rodeado de personas muy inteligentes que se reirían de mi estupidez. Este escenario pudiera parecerle una tontería, pero ese era mi miedo real cuando asistía a la escuela secundaria.

Mi manera de hacer frente a esta preocupación de ser intelectualmente inferior, fue prestar especial atención a las cosas que hacían las personas inteligentes. No me tomó mucho tiempo darme cuenta de que las personas inteligentes utilizan hábitos específicos. Si alguna vez me doy cuenta de que alguien hace algo intelectualmente impresionante suelo preguntar exactamente cómo lo hizo. Simplemente, haciendo preguntas he logrado una mejor comprensión de cómo piensan y trabajan las personas inteligentes, y qué tipo de hábitos practican.

A medida que he ido madurando, he acumulado una lista de tales hábitos. Este libro es una recopilación de los hábitos inteligentes más útiles que conozco, y además incluye ejemplos de cómo los he utilizado personalmente, o de cómo he visto a otros hacer excelente uso de ellos. Antes de empezar con estos hábitos quiero compartir con usted una información que le ayudará a obtener el mejor beneficio de este libro.

Cinco Realizaciones para Maximizar los Beneficios de los Hábitos Inteligentes

Realización #1: Usted puede incrementar sus habilidades si trabaja en ellas

La Dra. Carol Dweck, autora de *Mindset: the New Psychology of Success* (Mentalidad: la Nueva Psicología del Éxito), ha realizado investigaciones en individuos que sostienen diferentes puntos de vista sobre la inteligencia. Ella estudia a personas con una mentalidad 'fija', y a personas con una mentalidad de 'crecimiento'. Las personas con una mentalidad fija piensan que tenemos las habilidades con las que hemos nacido, y que no hay mucho que podamos hacer para cambiar eso. Las personas con una mentalidad de crecimiento piensan que si nos esforzamos en trabajar en algo, entonces siempre podremos mejorar nuestras habilidades y llegar a ser mejores. Los que tienen una mentalidad de crecimiento tienden a trabajar más duro en los problemas difíciles y a obtener mejores resultados, y los que tienen una mentalidad fija tienden a renunciar a problemas que ellos piensan que van más allá de sus capacidades. Para resumir, si usted piensa que puede ser más inteligente y mejorar sus habilidades, entonces usted puede hacerlo. Si cree que no puede ser más inteligente, entonces usted hará las cosas mucho más difíciles para usted mismo.

Realización #2: Los hábitos que adoptamos son importantes en qué tan inteligentes podemos llegar a ser

Pensar más inteligentemente es importante, pero nuestras acciones son tan importantes o incluso tal vez aún más. Es fundamental aprender los hábitos que nos permitan mejorar nuestras habilidades mentales, nuestro aprendizaje, y nuestro desempeño. A esto me refería anteriormente. Mi amigo de la secundaria pensó que yo era mucho más inteligente que él, pero no se dio cuenta de que yo tenía que estudiar mucho y pasar la mayor parte de mi tiempo esforzándome para entender lo que quería aprender. No lo logré de forma automática. Estoy seguro de que el hecho de que yo estudié algo con mucho empeño hasta que lo entendí, fue más importante para mis calificaciones que cualquier tipo de habilidad natural.

Realización #3: Los hábitos inteligentes son diferentes de otros hábitos

Esto es algo que usted debería aprender. No existe un hábito en particular que resolverá todos sus problemas. Pero si hubiera solamente un súper-hábito que aprender, ese sería lo que estoy a punto de decirle aquí. Los hábitos inteligentes deben significar un reto para usted de alguna manera. Deben requerir cierto tipo de esfuerzo. Deben presentar algo nuevo. Si su hábito ya no cumple estos requisitos, entonces es momento de adquirir uno nuevo. Sin embargo, si usted encuentra que una tarea es novedosa y desafiante, entonces ese es un hábito inteligente que puede adoptar. Cuando domine un hábito, ese será el momento apropiado para agregar un nuevo hábito en su vida, ya que en ese instante usted estará listo para un desafío mayor.

Realización #4: Usted necesita tener conocimiento para adquirir conocimiento

Todo conocimiento nuevo se construye sobre las cosas anteriores que usted ha aprendido. Tenga la disposición de aprender los fundamentos de algo, antes de progresar a temas más avanzados. Acostúmbrese a revisar las definiciones de algo completamente nuevo en el diccionario y en Wikipedia, antes de decidir abordar el tema con mayor profundidad. Al aprender de esta manera usted evitará la frustración y la sensación de querer rendirse.

Realización #5: Ser inteligente es una elección de estilo de vida

Usted decide implementar regularmente hábitos inteligentes en su vida, o usted decide no hacerlo. Las personas tienen la tendencia natural a entender las cosas un poco más rápido o un poco más despacio que otras, pero lo que usted si puede controlar son los hábitos y acciones que elige hacer. Elegir este estilo de vida implica hacer una variedad de cosas inteligentes, no solo una. Se trata de una actitud positiva y entusiasta hacia el reto, y no de una actitud de querer rendirse ante la primera señal de un problema.

Le he presentado estas realizaciones porque si usted las tiene en cuenta será capaz de hacer mejor progreso en la búsqueda de sus logros. Si no tiene presente estas realizaciones, usted puede convertirse en su mayor obstáculo para transformarse en una persona más inteligente.

Ventajas de Utilizar Hábitos Inteligentes

La implementación de hábitos inteligentes le da ventajas en el trabajo y en la vida en general. He notado algunas de estas ventajas en mi persona cuando he adoptado un nuevo hábito inteligente, y también me he dado cuenta de ellas en otras personas inteligentes. Probablemente, usted también ha notado o ha observado estas ventajas en algún momento.

Estas son algunas de las ventajas que tienen las personas que adoptan hábitos inteligentes:

- Aprender y hacer cosas nuevas con más facilidad
- Pensamiento y comprensión más rápidos
- Mejor preparación en el trabajo
- Ver patrones más rápidamente
- Recordar cosas con mayor facilidad y claridad

¿Por qué sucede esto? Las personas realmente inteligentes tienen el hábito de ejercitar sus mentes de forma rutinaria. No pasarán un día sin desafiarse a sí mismos de alguna manera. El cerebro es un órgano complejo y especial. Lo más importante que usted debe saber sobre el cerebro es que responde al desafío. Por eso es que algunos dicen que el cerebro es como un músculo. Obviamente, el cerebro no es un músculo, pero entre más lo ejercite y desafíe, más aprenderá, entenderá y recordará.

La Implementación de Hábitos Inteligentes en su Vida

Al principio pensé que pudiera recomendar ciertas pautas de tiempo para los hábitos inteligentes presentados en este libro, pero decidí no hacerlo. Estos hábitos están destinados a ser sencillos y efectivos para que cualquier persona pueda aplicarlos y ver mejoras en su vida. A pesar de que yo elegí este tipo de hábitos, no señalaría un tiempo definido por hábito que funcionaría para todos. Una persona puede pasar cinco minutos realizando un hábito, y otra puede tomar una hora o más. Voy a dejarle esa decisión a usted, dependiendo de lo que desea lograr. Por supuesto, usted debe darse cuenta de que entre más tiempo y esfuerzo invierta, más probabilidades tendrá de recibir los beneficios de la aplicación de los hábitos inteligentes presentados en este libro.

Recomendaciones de Páginas Web

Hay una gran variedad de sitios web que recomiendo en este libro. Estos sitios están listados en las secciones correspondientes para su conveniencia. Incluyo también un apéndice al final del libro con una lista de todos ellos. Si usted prefiere acceder a estos enlaces haciendo clic desde su computadora o tableta, vaya a este sitio: https://goo.gl/GAATPf

Aprender Algo Todos los Días

Es buena idea aprender algo nuevo con regularidad. Las personas más inteligentes e informadas que conozco suelen escuchar las noticias, leer con frecuencia, y siempre parecen estar al día de los acontecimientos actuales o de algo nuevo que esté ocurriendo. Ellos no se permiten quedarse estancados en sus conocimientos y habilidades. No es necesario hacer esto muy complicado. Usted no necesita resolver un problema de matemáticas que ha mantenido desconcertados a los matemáticos durante siglos. Simplemente, usted puede aprender un poco cada día. Con el tiempo sus conocimientos se sumarán y usted estará mucho más informado.

#1. Leer Libros, Artículos, e Historias

A través de la lectura usted puede aprender casi sobre cualquier cosa. Si puede pensar en algo, probablemente un libro ha sido escrito sobre ese tema.

Afortunadamente, hay una gran abundancia de material para leer. Hay millones de libros en existencia, y un sinnúmero de artículos que se publican en todo momento. Usted puede elegir entre periódicos, blogs, revistas, libros y libros electrónicos. Se puede pagar por material de lectura, pero las bibliotecas y los recursos en línea también son buenos para encontrar artículos de lectura gratuitos.

Aunque la lectura es un hábito excelente, he observado que algunas personas le dan mucha importancia al conteo de cuántos libros o artículos leen. Apuntan a leer una mayor cantidad de material en lugar de pensar realmente en lo que han leído y tratar de comprenderlo. Me parece que es importante tomar un tiempo para desarrollar conexiones y obtener una comprensión más profunda de lo que he leído. Junto con esto, es importante elegir un buen material de lectura para empezar. Obviamente, no todos los libros son una buena fuente de información ni todos son buenos para el desarrollo intelectual. Ambos, títulos de ficción y no ficción pueden ser geniales para leer, solo depende de lo que usted desea obtener de la experiencia.

La lectura, aunque obviamente un hábito inteligente, es uno de mis hábitos favoritos. Puedo leer más de veinte o treinta libros, y cientos de artículos de noticias y blogs, en el transcurso de un año. Esto me facilita la capacidad de conversación en una variedad de temas, o al menos me facilita entender las cosas nuevas más rápidamente.

Cómo aplicar este hábito

- Leer un periódico como su periódico local, CNN Español, Noticias Univisión, o Noticias BBC Mundo

- Leer una entrada de un blog con una buena posición

- Leer una página de Wikipedia que le interese, o un artículo de Wikipedia al azar

- Leer historias y cuentos cortos de ficción

- Navegar Project Gutenberg

Páginas web de interés

- http://cnnespanol.cnn.com/

- http://noticias.univision.com/

- http://bbc.co.uk/mundo

- https://es.wikipedia.org/wiki/Especial:aleatoria

- http://www.cuentocuentos.net/cuentos-adultos/1/

- http://www.gutenberg.org/browse/languages/es

#2. Ver Programas de Video Informativos

Viendo videos informativos usted puede obtener una imagen mucho más viva sobre las cosas que lee. Usted puede leer una gran descripción de cómo es la Capilla Sixtina o de cómo es el Canal de Panamá, pero ver un video real sobre estos lugares le dará realmente una imagen más precisa. Los videos ayudarán a que un lugar tome vida en su mente. Obviamente, si usted tiene la opción de viajar, entonces definitivamente vale la pena considerarlo.

Al igual que con la lectura, usted también puede aprender sobre un amplio rango de temas a través del uso de videos. De hecho, actualmente es más fácil que nunca buscar un video de cualquier cosa en YouTube y encontrarlo en segundos. Los videos pueden ser especialmente útiles para aprender cómo hacer cosas específicas que son visuales. Por ejemplo, probablemente tiene más sentido aprender Yoga o aprender cómo atar un lazo de corbata, a través de ver a alguien haciéndolo o demostrándolo, que leyendo un manual.

Personalmente, unos de mis videos favoritos son los de TED Talks. TED significa tecnología, educación y diseño. Ellos cubren una amplia gama de temas, como nuevas tecnologías, vida acuática, música, y mucho más. TED Talks es un gran punto de partida para aprender sobre una gran variedad de temas. Sus videos a menudo me inspiran a pensar en nuevas direcciones y me motivan a aprender más sobre algo por mi cuenta.

Cómo aplicar este hábito

- Ver videos de National Geographic - videos cortos de menos de 5 minutos de duración

- Ver TED Talks - la mayoría son de 10 - 20 minutos de duración

- Utilizar Google Video para buscar cualquier cosa que usted quiera aprender — por supuesto que usted tendrá que juzgar por sí mismo si la fuente es buena ya que la gente puede publicar lo que quiera

- Utilizar YouTube EDU — tiene videos educacionales en una variedad de temas como ciencias, arte, e historia

Páginas web de interés

- http://nationalgeographic.es/videos

- https://www.ted.com/talks?language=es

- https://www.google.es/videohp?gws_rd=ssl

- https://www.youtube.com/channel/UCSSlekSYR oyQo8uQGHvq4qQ

#3. Escuchar Podcasts Informativos

Escuchar podcasts (episodios de radio en línea) es un hábito útil porque presenta otra forma de aprender y absorber nueva información. Es posible que usted prefiera obtener su información a través de la lectura, mediante videos, o nada más escuchando, pero lo más importante es hacer un esfuerzo continuo por aprender.

La forma más fácil de escuchar los podcasts que le gustan es registrarse a ellos para saber cuándo se libera un nuevo programa. Usted puede encontrar muchos podcasts en línea, pero uno de los mayores almacenamientos de ellos es a través de iTunes. Otra manera fácil de empezar rápido es tratando la aplicación Podcasts o la aplicación iTunes U si tiene un iPhone o iPad.

A algunas personas les encanta escuchar podcasts todo el tiempo. Por lo general, yo prefiero leer o ver videos, pero si estas opciones no están disponibles, o si quiero probar algo diferente, los podcasts pueden ser geniales. Es buena idea estar familiarizado con algunos podcasts informativos para que pueda escucharlos cuando tenga tiempo. Los episodios de podcasts son especialmente convenientes porque usted puede escucharlos y hacer pausa a su gusto.

Los podcasts no han existido por tanto tiempo como la lectura o los videos, pero ya han recorrido un largo camino. En la actualidad, usted debería poder encontrar podcasts sobre casi cualquier tema. Es bueno recordar que la mayoría de los podcasts pueden durar alrededor de una media hora o más por presentación, pero que también hay unos más cortos que son igualmente buenos.

A veces, cuando el día está agradable, me gusta salir a caminar y escuchar un podcast. Es provechoso hacer algo de ejercicio, disfrutar del aire libre, y aprender algo nuevo, todo al mismo tiempo. Si usted va a empezar a escuchar podcasts, le recomendaría usar auriculares en público para evitar molestar a los demás.

Cómo aplicar este hábito

- Descargar iTunes para un acceso mayor a podcasts — usted también puede descargar la aplicación Podcasts o la aplicación iTunes U en su iPad o iPhone
- Utilizar la función de búsqueda (en las aplicaciones de iTunes o de Podcasts) para aprender sobre algún asunto de interés para usted
- Suscribirse a un podcast de Radio Ambulante
- Suscribirse a Examtime para revisar los mejores podcasts educativos

Páginas web de interés

- http://radioambulante.org/
- https://www.examtime.com/es/blog/mejores-podcasts-educativos/
- http://www.apple.com/es/itunes/download/

#4. Buscar Palabras Nuevas

Cuando se aprende una palabra nueva es más fácil entender lo que se lee. Imagínese la lectura de un documento en el que cada tercera palabra fuera una palabra nueva que usted nunca hubiera visto anteriormente. Sería casi como leer algo en un idioma diferente. Usted probablemente estaría muy confundido y tendría poca idea de lo que trataría realmente el contenido. Cuando usted toma tiempo para ampliar su vocabulario, será poco probable que se sienta completamente confundido, no importa qué material lea. Lo mejor que puede hacer es desarrollar su vocabulario de manera gradual. Como podrá adivinar, generalmente hay una fuerte relación entre el vocabulario de una persona y su coeficiente intelectual.

A veces, el aprendizaje de una nueva palabra puede ser una experiencia poderosa. Si se fija en una entrada de un diccionario completo, puede haber una representación de la imagen de la palabra. Puede haber una clave de pronunciación para mostrarle exactamente cómo decir la palabra. Es probable que también muestre la lengua de origen. También es probable que haya múltiples significados de la palabra. Si usted aprende todos estos detalles sobre palabras nuevas, usted aprenderá mucho sobre todo tipo de cosas. Las palabras son nuestra forma de representar todo. Simplemente tiene sentido que mientras más palabras usted conozca, mejor comprensión tendrá de un mayor número de conceptos.

Con el aprendizaje de nuevas palabras usted podrá comprender temas complejos con mayor facilidad. Por ejemplo, si usted participa en un debate con profesores de universidad, en un principio la experiencia podría parecerle intimidante. Pero, si usted sabe la definición del diccionario de algunas palabras claves utilizadas en la discusión, tales como multilateral y gregario, tal vez la conversación no le parecería tan difícil. De pronto, la conversación pasaría de difícil de seguir a algo que en realidad sería bastante sencillo de entender.

He tenido el hábito de aprender palabras nuevas desde que era muy chico. Yo era el menor en mi casa, y cuando era niño la mayoría de los amigos y parientes con los que pasaba tiempo eran mayores que yo. Me di cuenta de que me incomodaba sentirme perdido cuando utilizaban palabras que eran nuevas para mí, y descubrí que la mejor manera de abordar ese problema era buscando el significado de dichas palabras. Para entonces, había descubierto que vale la pena tratar de averiguar el significado de una palabra a partir del contexto. Si no puedo entender lo que significa por su contexto, o si todavía no estoy seguro, entonces buscaré el significado. Mediante la práctica de su capacidad de aprender palabras en contexto usted podrá mejorar, e incluso aunque no esté completamente seguro de lo que significa una palabra, la mayoría de las veces usted tendrá una buena idea. Yo no busco el significado de cada palabra nueva que encuentro, pero si la he escuchado o visto varias veces generalmente si lo hago.

Cómo aplicar este hábito

- Cuando lea o escuche una palabra que no sabe, tratar de averiguar su significado a partir del contexto — si aún no está seguro, buscar el significado y anotarlo

- Utilizar una nueva palabra aprendida en una oración, o en una conversación para que sea más probable que la recuerde

- Inscribirse para recibir la palabra del día de El Castellano en su correo electrónico

- Buscar palabras en el Diccionario Etimológico — aprendiendo los orígenes de las palabras y los puntos comunes entre ellas, usted puede mejorar su vocabulario más rápido y desarrollar una mejor comprensión del español, como también de otros idiomas

Páginas web de interés

- http://www.elcastellano.org/palabra.html
- http://etimologias.dechile.net/

21

#5. Aprender y Practicar Hablar un Nuevo Idioma

Los estudios han apoyado que saber más de un idioma ayuda a tener un nivel de pensamiento elevado, realizar tareas múltiples, y tener atención sostenida. Las personas bilingües necesitan intercambiar pensamientos acerca de dos idiomas frecuentemente, y hacer eso fortalece su capacidad de intercambiar entre diferentes tareas, incluso aunque no estén relacionadas con el lenguaje. Otro hallazgo importante es que ser bilingüe es beneficioso para mantener la función cognitiva. Por ejemplo, la aparición de los síntomas de demencia tiene un retraso de hasta cinco años en pacientes bilingües.

Aprender un nuevo idioma es un gran desafío para su mente y su memoria. No quiero que subestime el reto y el compromiso de tiempo que se requiere para realmente aprender un nuevo idioma. Esto no es algo que usted podrá lograr en un fin de semana. Si usted quiere aprender en su tiempo libre, cuando tenga 15 minutos extras aquí y allá, puede ser factible, pero el aprendizaje ocurrirá de manera muy gradual.

Un gran beneficio de aprender un nuevo idioma es que además es una magnífica oportunidad para aprender sobre otras culturas. Diferentes idiomas usan palabras de una forma única. A veces no hay una traducción directa para un concepto, por lo que la mejor manera de entender un concepto extraño es aprender las tradiciones, la cultura, y el lenguaje que van con ese concepto. Si usted está aprendiendo inglés, por ejemplo, puede que le resulte interesante aprender sobre la música, la historia y la variedad de personas provenientes de diferentes países que habitan en los Estados Unidos. En este escenario, el aprendizaje de un nuevo idioma podría llevar a aprender más sobre historia y a ampliar su repertorio musical. Esto a su vez puede implicar aprender nombres que no tienen una traducción directa en su idioma nativo.

En mi experiencia, la forma más útil de aprender un idioma es practicarlo. Por supuesto, todo el mundo tiene que aprender el vocabulario básico y obtener una buena idea del orden en que van las palabras, pero después de eso, es importante practicar hablando y conversando. Por lo menos, practique pronunciar las palabras correctamente. Si usted puede, debe sumergirse en el idioma si desea perfeccionarlo. La forma más dramática de hacer esto es vivir en un país extranjero, pero eso no es necesario. Usted puede visitar foros que hablan una lengua extranjera en línea, hacer amistad con una persona de otro país a través de Skype, encontrar un amigo por correspondencia, o darle hospedaje a un estudiante de otro país. Con el aprendizaje de idiomas, también puede ser muy útil tener un amigo que quiera aprender con usted. De esta manera pueden mantenerse motivados y practicar mutuamente.

Algo más que debe considerar es que existen otros lenguajes además de los idiomas tradicionales que conocemos. No se olvide de Esperanto — la lengua construida más hablada en el mundo, o del lenguaje de signos, que es claramente útil para comunicarse con personas que tienen pérdida auditiva. También pudiera considerar aprender el código Morse, que aunque no es estrictamente un lenguaje, es una manera de transformar el lenguaje en un formato diferente de puntos y rayas.

Cómo aplicar este hábito

- Usar Duolingo (disponible en Internet, iOS, Android, y Windows Phone 8.1) o Memrise para aprender los fundamentos de un idioma
- Practicar conversación con un hablante nativo
- Ver una película en el idioma que usted está estudiando (con subtítulos si desea)
- Leer libros de niños en el idioma que usted quiere aprender

Páginas web de interés

- http://es.duolingo.com/
- http://www.memrise.com/courses/spanish/

#6. Hacer Preguntas

Mucha gente tiene miedo a hacer preguntas por temor a parecer que no son tan inteligentes. Sin embargo, la curiosidad y las preguntas son un gran conductor de la inteligencia. Cuando usted no sabe algo, es importante hacer preguntas porque esa es una gran oportunidad para aprender algo nuevo. En la escuela con un aula llena de estudiantes, las preguntas pueden ser percibidas como una distracción no deseada, pero es injusto pensar acerca de las preguntas de esa manera. Todavía me acuerdo de algunos buenos profesores que tuve, que recordaban a la clase que si alguien tenía una pregunta, entonces debería hacerla. Esto se debía a que era muy probable que más de un estudiante tuviera alguna pregunta en mente, pero estarían preocupados de preguntar y parecer tontos.

Incluso, si usted se encuentra en una situación en la que se da cuenta de que no sabe algo básico, que la mayoría de la gente parece saber, es importante hacer preguntas. Hay tanto que aprender en este mundo que nadie lo sabrá todo. Todos tenemos permiso de ser ignorantes en algunas cosas, siempre y cuando reconozcamos la ignorancia y tratemos de emprender el camino hacia la comprensión. Es importante darse cuenta de que antes de que alguien pueda progresar a un nivel complejo y avanzado de entendimiento, primero debe lograr una comprensión básica.

Cuando hago preguntas, me parece que estoy mucho más activo en la manera en que pongo atención a las respuestas. Muchas veces hago una pregunta, el experto o la persona que tiene los conocimientos, con la que estoy hablando, contesta y entonces formulo otra pregunta. El ciclo se repite. Generalmente, la respuesta a mi pregunta me hace darme cuenta de algo más que no sé. Una de las cosas más gratificantes que he tenido es encontrar a alguien experto e informado, que esté dispuesto a responder a una variedad de preguntas sobre un tema.

Cómo aplicar este hábito

- Hacer preguntas en el trabajo o en reuniones, y tratar de entender cómo funcionan las cosas, y por qué funcionan de esa manera, en lugar de solo averiguar lo que hay que hacer

- Practicar cuestionar los supuestos que usted realiza cada día — y considerar puntos de vista alternativos a los que usted tiene

- Enviar un correo electrónico a un experto con una pregunta específica

- Usar foros y comunidades en Internet para hacer una pregunta a personas que tienen intereses similares a los suyos

#7. Investigar Conceptos con Mayor Profundidad

El mundo está más abundante y lleno de detalles de lo que jamás podríamos imaginar. Si usted se esfuerza por aprender acerca de esos detalles, usted percibirá el mundo con mayor precisión. Esto es lo que significa tener un nivel alto de inteligencia. De esta manera usted está más cerca de ver las cosas como son en realidad. En lugar de que algo sea simplemente un pedazo de madera, es roble o arce. En lugar de ser nada más piel, es la epidermis (por ejemplo, la capa exterior de la piel). Al aprender tales detalles, usted estará mejor preparado para usar la información que obtiene en el mundo real. Lo importante de este hábito es profundizar en las cosas que aprendemos, en lugar de estar satisfechos con el hecho de saber solo lo básico.

Conocer los nombres de las cosas le ayudará a clasificarlas mejor. De niños aprendemos rápidamente esquemas generales de clasificación. Aprendemos qué tipo de criaturas son animales, qué tipos son insectos, y a qué clase de cosas nos referimos como árboles. A medida que crecemos, muchos de nosotros nos conformamos con algunas de estas categorías generales y no continuamos aprendiendo más profundamente acerca de ellas. En realidad, muchos de nosotros posiblemente vemos el mundo de manera no muy diferente a la de los niños. Si optamos por aprender más profundamente, entonces obtendremos un conocimiento minucioso de los temas que nos interesan.

Cuando tenía alrededor de diecisiete años de edad, la esposa de mi abuelo me hizo una pregunta. Debo mencionar que ella nunca tuvo la oportunidad de ir a la escuela secundaria. En su mano había un insecto, y me preguntó si yo sabía qué insecto era. Estoy seguro de que ella esperaba que yo supiera la respuesta. Estaba terminando la escuela secundaria y estaba obteniendo buenas calificaciones. Pronto iría a la universidad, a las ambiciones y oportunidades más grandes. Pero volviendo al insecto en su mano, yo en realidad no tenía idea de lo que era. Podría haber sido común en la zona, pero yo nunca había prestado atención al mismo. Esta experiencia me hizo darme cuenta de lo poco que sabemos a veces incluso acerca de las cosas que están justo en frente de nosotros. La gente inteligente toma tiempo para aprender sobre las cosas que están frente a sus propias narices.

Cómo aplicar este hábito

- Para cualquier objeto, preguntarse de qué se compone, qué tipo de cosa es, o cómo clasificarlo más profundamente — a continuación, usted puede hacer una búsqueda en línea o navegar por una enciclopedia para ayudarse a responder a estas preguntas

- Identificar insectos, árboles o pájaros específicos que usted ve, revisando recursos en línea, bibliotecas, y enciclopedias

- Utilizar un motor de búsqueda, escribir ("Identificar" + Escribir lo que usted quiere identificar)

#8. Inscribirse en un Curso en Línea

El mundo de la educación ha ido cambiando en los últimos años. Ahora tenemos acceso a todo tipo de educación de alta calidad en línea de forma gratuita. MIT lanzó un programa de cursos abiertos en el 2002. Desde entonces, muchas otras universidades se han unido también a través de programas como Coursera y EdX, todo con el objetivo de hacer que la educación sea más accesible al público. Los programas educativos como éstos se denominan MOOC en inglés (Massive Open Online Courses). Esta expresión puede traducirse como curso en línea masivo y abierto, equivalente que da lugar a la sigla CEMA. La mayoría, si no todos estos cursos se ofrecen sin costo alguno.

Aunque los certificados, o incluso los títulos otorgados por estos programas en línea pueden no llevar directamente a puestos de trabajo, usted puede aprender de destacados profesores y expertos, y con frecuencia tener acceso a foros con otros estudiantes deseosos de aprender.

Un gran aspecto acerca de estos cursos es que usted los puede encontrar en una variedad de disciplinas, tales como matemáticas, música, sociología, programas informáticos, biología, y muchos más. Los cursos se imparten normalmente en un formato de conferencia con diapositivas de PowerPoint o algún otro tipo de notas disponibles. Algunos cursos requieren más tiempo y esfuerzo, y otros pueden ser más placenteros.

Los CEMA como Coursera y EdX pueden ser geniales para personas que hayan disfrutado de la experiencia universitaria, o para personas que quieran ir a la universidad pero que no tienen los medios para hacerlo. Es bueno para aquellos a quienes les gusta escuchar, para los que quieren una comunidad (en la forma de un foro con estudiantes y un profesor), y para aquellos a quienes no les molesta que se les asigne alguna tarea para asegurarse de que entienden el material. Por supuesto, la asistencia y las tareas son opcionales, pero usted no obtendría el máximo provecho de estos cursos a menos que hiciera estas cosas.

Hay otro sitio que no es formalmente un CEMA, pero que también es muy útil. Se llama Khan Academy y yo frecuentemente prefiero este sitio porque Salman Khan, el fundador, es un maestro especialmente interesante. A pesar de que no es un profesor, él tiene grados de licenciatura del MIT en matemáticas, ingeniería eléctrica y ciencias de la computación. También de MIT tiene maestrías en ingeniería y ciencia de la computación, y además tiene una Maestría en Administración de Empresas de Harvard. Obviamente, él está muy bien educado y tiene una pasión por el aprendizaje y la enseñanza. Aunque no sea formalmente un CEMA, Khan Academy es un excelente recurso de aprendizaje.

Le animo a probar ambos, CEMA y Khan Academy y ver qué le parecen, pero personalmente tiendo a preferir Khan Academy, ya que ofrece introducciones muy breves, claras y atractivas para todo tipo de temas. He aprendido acerca de biología y de historia del mundo en este sitio durante mi tiempo libre. Sin embargo, si usted desea aprender profundamente y a un nivel avanzado, es posible que prefiera inscribirse en un CEMA.

Cómo aplicar este hábito

- Ver videos y participar en Khan Academy
- Inscribirse en una clase a través de Open Education Consortium
- Inscribirse en una clase en MIT OpenCourseWare o Coursera

Páginas web de interés

- https://es.khanacademy.org/
- http://www.oeconsortium.org/courses/language/Spanish/
- http://ocw.mit.edu/courses/translated-courses/spanish/#brain-and-cognitive-sciences
- https://www.coursera.org/courses/?languages=es&primaryLanguages=es

#9. Participar en Aprendizaje Social en Línea

Hay una gran cantidad de comunidades importantes en Internet donde usted puede aprender sobre temas de nicho. Hay un sinnúmero de foros y grupos en línea donde las personas se reúnen para hablar de sus temas favoritos.

Lo importante de estas comunidades sociales es que generalmente proporcionan una riqueza de información valiosa. Estos grupos están muy interesados en sus temas particulares, por lo que suelen estar al día sobre los últimos acontecimientos. También son una gran fuente de retroalimentación. Si usted tiene preguntas, problemas, o si tiene dificultades para entender algo, es probable que uno de estos foros resulte muy útil para usted.

Muchos de estos sitios tienen una enorme cantidad de material útil de lectura. Usted puede encontrar una gran introducción a su tema de interés. También puede encontrar personas o materiales que pueden dirigirlo a los mejores recursos para su situación en particular o para su nivel de conocimiento en el tema.

Para algunas personas que se aburren con material poco interesante, o que realmente disfrutan socializando, este tipo de aprendizaje puede ser un buen ajuste. Esta forma de aprendizaje combina socialización y aprendizaje. Usted puede aprender, enseñar, y practicar lo que aprende, con una comunidad de personas interesadas en los mismos asuntos. Puede ser muy divertido tratar las recomendaciones de los miembros del foro y regresar más tarde para contarles sobre su progreso o si encontró algún otro problema.

Cómo aplicar este hábito

- Ir a Google y buscar [Nicho en el que usted está interesado + "foro"]

#10. Aprender Dentro de Su Comunidad

Otra opción, además de aprender en línea, es aprender a través de algún tipo de grupo o clase local, si usted tiene el tiempo para hacerlo. Hasta el momento, muchos de los ejemplos presentados en este libro han sido sobre maneras de aprender en línea, debido a que generalmente siento que es más fácil aprender de forma flexible en torno a lo que mi horario me permite hacer. Por supuesto, cuando se elige una oportunidad de aprendizaje en la vida real, tiende a haber menos flexibilidad, ya que para participar usted debe presentarse a una hora determinada de reunión. Además, el aprendizaje en Internet es a menudo gratis, mientras que los cursos de la vida real por lo general no lo son.

A pesar de que el aprendizaje en línea puede ser más fácil y más barato, hay un sinfín de beneficios para involucrarse en actividades y aprendizaje en la vida real, así que ésta es una avenida importante a considerar. Uno de esos beneficios es averiguar cómo funcionan las cosas en condiciones naturales y establecer conexiones con la gente.

En muchos lugares hay clases o grupos locales que se reúnen para aprender con mayor profundidad acerca de un tema, o para practicar una habilidad específica. Si usted vive en una ciudad de tamaño moderado a grande, será muy probable que haya algún tipo de oportunidades en las que usted pueda participar. Por supuesto, entre más pequeña sea el área donde usted vive, más difícil pudiera ser encontrar oportunidades de aprendizaje a nivel local.

Cómo aplicar este hábito

- Leer periódicos locales para averiguar sobre futuras reuniones y eventos en su área

- Buscar en las carteleras de la comunidad en lugares como la biblioteca local para encontrar eventos y reuniones de grupos

- Ir a Meetup.com y buscar grupos interesados en las mismas cosas que usted — estos son grupos que se reúnen en la vida real y se pueden buscar por ciudad

- Google ["Aprender" + tema de interés + ciudad y estado] para encontrar oportunidades de aprendizaje en su área de interés a nivel local

  - Temas que usted pudiera considerar en su búsqueda son grupos de lectura, clases de defensa personal, clases de arte y cerámica, clases de natación, clases de baile, grupos de entusiastas del juego de mesa, o grupos de juego de cartas

Página web de interés

- http://www.meetup.com/es/

Desafiarse y Tratar Cosas Nuevas

Entre mayor sea el número de retos a los que usted se exponga, más significativo será su aprendizaje. Una de las partes más importantes de ser un individuo inteligente es la búsqueda de retos y la disposición para aceptarlos. Una razón clave por la cual las personas inteligentes son inteligentes es porque no retroceden fácilmente ante un desafío intelectual. Persisten frente a los desafíos intelectuales hasta que entienden completamente el problema o el tema. Es un excelente ejercicio mental esforzarse a pensar con profundidad acerca de algo, o intentar algo completamente nuevo con lo que no está familiarizado en lo absoluto.

#11. Utilizar Juegos que Involucren Pensamiento Crítico, Planificación o Cálculo

Utilizando este tipo de juegos usted reta su mente con problemas y le obliga a buscar soluciones. Lo único importante al elegir un juego es que debe proporcionar un desafío de algún tipo. Si usted ha jugado un juego tantas veces que prácticamente puede ganar dormido, entonces es buen momento para pasar a otro desafío. Pero si usted encuentra que un juego realmente le hace pensar acerca de cómo desea proceder, ese podría ser el juego adecuado para usted.

Estoy seguro de que usted está consciente de que hay una gran variedad de juegos disponibles. Unos juegos le desafían a recordar información o a utilizarla de una manera interesante. Otros juegos requieren habilidades artísticas y pensamiento crítico. Y luego están los juegos que pueden requerir memorización, habilidades lógicas, o un buen vocabulario. Cualquiera de ellos podría proporcionar un desafío útil.

Algunos juegos están destinados para ser jugados individualmente, mientras que otros están diseñados para ser jugados en grupo o en equipo. Cualquier formato podría ser una buena manera de estimularse a sí mismo. Sin embargo, por lo general, es bueno jugar juegos sociales ya que pueden requerir más pensamiento. Posiblemente tenga que considerar la personalidad de los otros jugadores y qué tipo de movimientos están propensos a hacer. Por ejemplo, ¿son tomadores de riesgos o conservadores? Además, puede haber negociaciones que tienen que efectuar con el fin de tratar de llegar a una posición ventajosa.

Por mi experiencia con juegos como ajedrez y póker he aprendido acerca de la psicología de la competencia y cómo encontrar buenas estrategias y tácticas. El ajedrez es genial para estimularlo a calcular todo tipo de posibilidades y a elaborar los mejores movimientos posibles en diferentes situaciones. El póker me ha sido útil para aprender cómo hacer ciertos cálculos estadísticos rápidamente con el fin de hacer los mejores movimientos. Diferentes personas prefieren diferentes tipos de juegos. Encuentre algunos que sean interesantes y desafiantes para usted.

Cómo aplicar este hábito

- Jugar Sudoku

- Hacer Crucigramas

- Jugar Ajedrez

- Jugar Cruzaletras

- Jugar toda clase de juegos gratuitos en Jori Games

Páginas web de interés

- http://es.websudoku.com/

- http://servicios.elpais.com/juegos/nuevos/

- http://ajedrez.chess.com/

- http://www.jorigames.com/juegos-gratis-multijugador.php

#12. Utilizar Programas de Entrenamiento Mental

Hay herramientas de entrenamiento mental que pueden ayudarle a desafiar y desarrollar su mente. Estos programas usualmente ofrecen estimulación mental de diferentes maneras — haciendo problemas de matemáticas, haciendo rotación de imágenes, memorizando cosas, etc. No es difícil darse cuenta de que entrenar su mente de esta forma puede proporcionar un reto y ayudarle a mejorar sus habilidades.

Se han realizado una cantidad significativa de investigaciones en una variedad de sitios de entrenamiento mental, y no existen pruebas concluyentes de que este tipo de entrenamiento le ayude a ser más inteligente o de que las habilidades que usted aprende se transfieran a otras tareas. En cualquier caso, todavía sigo pensando que estas tareas de capacitación mental pueden ser útiles, siempre y cuando usted se enfoque en tareas que proporcionen un reto.

Dual-n-back es una tarea de entrenamiento mental que es especialmente difícil. Está disponible en inglés. En esta tarea usted es expuesto a información auditiva y visual. El objetivo de la persona examinada es recordar si la presente información mostrada coincide con lo que se mostró varios pasos atrás. Ha habido un apoyo desigual a la capacidad de esta prueba para mejorar la inteligencia, y ciertamente no se ha demostrado que haciendo el entrenamiento le hará más inteligente. Dual-n-back es una 'tarea de trabajo de memoria'. Esto quiere decir que se supone que debe entrenar su capacidad de guardar más objetos en su mente al mismo tiempo y también a hacer uso de ellos.

Personalmente, me parece que es divertido jugar con estos juegos mentales (a excepción de Dual-n-back). Son una buena manera de tener una idea de dónde están sus fortalezas y sus debilidades, para que pueda entrenarlas o trabajar en ellas en su vida diaria. Por ejemplo, si usted entrena en diferentes sitios, es posible que sus resultados en las pruebas de memoria sean muy altos, pero muy bajos en las pruebas de atención. En ese caso, es posible que desee tomar medidas para mejorar su capacidad de prestar atención.

Cómo aplicar este hábito

- Póngase a prueba con:
  - o Unobrain (gratuito)
  - o Lumosity (muestra gratuita)

Páginas web de interés

- http://www.unobrain.com/juegos-mentales-gratis-estimula-tu-cerebro-unobrain
- http://www.lumosity.com/landing_pages/577

#13. Cambiar Sus Rutinas

Las personas inteligentes evitan estar en piloto automático — es decir que evitan hacer las tareas de forma automática, sin pensar. Cuando usted está en piloto automático deja de prestar atención a las cosas. Una forma de evitar este problema es tomar una nueva ruta mientras conduce. Es probable que note más detalles porque cuando las cosas son nuevas las personas tienden a prestar más atención. Si usted hace las mismas tareas de la misma manera todo el tiempo, usted prestará menos atención, y todo perderá claridad y exactitud. Puede pasar la misma tienda ciento de veces mientras conduce, y ni siquiera saber cómo se llama. Usted se acostumbra a ella, y la tienda se pierde en el fondo pasando a un segundo plano.

Usted puede aprender algo novedoso cuando toma una ruta diferente — quizás están construyendo otro hospital, están presentando un evento, o algo más está sucediendo. Se expone a más estímulos, y por lo tanto más información. Esto le ayuda a mantenerse al tanto de lo que está sucediendo en su ciudad.

Curiosamente, un estudio sobre los taxistas de Londres mostró que ellos tenían un hipocampo (centro de la memoria) más grande que las personas que no conducen taxis. Aprender todo tipo de diferentes rutas para circular por la ciudad, podría literalmente cambiar su cerebro si lo hace con bastante frecuencia. Por supuesto, Londres es una de las ciudades más grandes y complejas del mundo, pero incluso si su ciudad es más pequeña, seguramente habrá un buen número de calles que aprender.

Cómo aplicar este hábito

- Tomar una ruta diferente en el camino al trabajo, a la tienda, o a la casa de un amigo

- Usar su mano no dominante para una tarea, como cepillarse los dientes o escribir notas

- Ir a la biblioteca o la librería y escoger algo para leer que normalmente no seleccionaría

- Iniciar una conversación con alguien, incluso si no parecen tener mucho en común

#14. Practicar la Observación de Detalles en su Entorno

Las personas inteligentes son excelentes para darse cuenta de cosas que otras personas suelen pasar por alto. Prestan mayor atención a los detalles. Es importante no conformarse con tener un conocimiento aproximado de algo. Piense en cómo los niños prueban las cosas de muchas maneras diferentes. Pueden tratar de rebotar un objeto, lanzarlo, saborearlo y exprimirlo. Parte de una observación aguda puede incluir algunos de estos tipos de pruebas (pero probablemente no la degustación a menos que se trate de comida).

Hay muchos tipos de observaciones que usted puede realizar. Usted puede notar una expresión facial única, una luz trasera de un auto rota, o podría observar más de cerca algo en la naturaleza. Usted puede hacer preguntas tales como *¿Qué tipo de pasto es ese?* o *¿Qué tipo de tela es ésta?* Y entonces, podría llevar esto un paso más allá, investigando los detalles finos usted mismo.

Esta es una habilidad que necesita ser practicada para que usted se convierta realmente bueno en ella. Una parte de este hábito es la observación minuciosa. Otra parte es probar activamente las cosas para conseguir una observación aún mejor informada. Y una parte más, es analizar lo que usted ha observado y probado para llegar a una conclusión.

A modo de ejemplo, cuando veo algo nuevo, me gusta tratar de observarlo de diferentes maneras. Si es posible, me gusta verlo de cerca, tocarlo y sentirlo, y considerar si tiene un aroma o alguna otra característica especial. Este tipo de observación que involucra múltiples sentidos me ayuda a recordar y a entender mucho mejor.

Cómo aplicar este hábito

- Prestar atención a sus alrededores — edificios, el clima, lo que la gente está haciendo, etc.

- Prestar atención a las reacciones de las personas — ¿son amables, están felices, tristes, o distraídas?

- Probar cosas para ver cómo funcionan (es decir, ¿qué pasa si se pulsa un botón?, ¿qué pasa si usted hace una tarea en un orden diferente?)

- Tomar una flor, o cualquier otra cosa, y observar muy de cerca — observar las partes, la estructura, sentir, oler, y notar otras características

- Tomar un objeto que utiliza de forma cotidiana (billetera, moneda, pluma), y prestar cuidadosa atención — tratar de descubrir algo que nunca notó anteriormente

#15. Realizar Experimentos Mentales

Un experimento mental es cuando usted tiene una hipótesis o una creencia que desea probar, y procede a pensar en las consecuencias de esta hipótesis. Con un experimento mental el único equipo que usted necesita es su mente y su imaginación.

Muchas veces, es poco práctico, complicado o innecesario, probar algo en el mundo real. En estos casos, realizar un experimento mental puede ser muy útil. Podría tener sentido hacer esto con partículas diminutas con las que usted no puede trabajar de manera práctica en el mundo real, o con objetos muy masivos como los planetas y las estrellas. También, si usted es cirujano podría ser mejor imaginar mentalmente lo que pudiera ocurrir en diferentes escenarios, en lugar de probar actualmente las cosas en un cuerpo humano vivo durante un procedimiento.

La realización de experimentos mentales es importante para desafiar creencias convencionales, para la solución de problemas, y para hacer predicciones en áreas que son difíciles de probar en el mundo real. Albert Einstein, una de las mentes más geniales de todos los tiempos, frecuentemente dedicó tiempo a realizar experimentos mentales para fomentar su comprensión en el campo de la física.

Este párrafo de PBS — NOVA resume uno de los experimentos mentales de Einstein:

> Me he dado cuenta de que la gravedad y la aceleración parecen ser el mismo fenómeno. Piense en

lo que pasaría si un ascensor de repente tuviera una caída libre. La persona en el interior pesaría efectivamente nada. A continuación, imagínese a esa misma persona en un cohete inmóvil tan lejos de la Tierra que la fuerza de gravedad sea prácticamente cero. Al igual que en el ascensor en caída libre, esa persona también pesaría nada. Ahora, ponga el cohete en movimiento. A medida que el cohete acelera, el peso de los pasajeros aumenta. Para esa persona, se siente como si la gravedad hubiera plantado sus pies firmemente en el suelo. Einstein se dio cuenta de que la fuerza de la gravedad es simplemente la aceleración que usted siente mientras usted se mueve a través del espacio-tiempo.

Einstein era obviamente una persona extremadamente talentosa y trabajadora. Utilizó experimentos mentales para desarrollar aún más su comprensión del tiempo, el espacio, la gravedad y otros conceptos similares. Es importante tener en cuenta que él hizo grandes descubrimientos, al menos en parte, como resultado de sus experimentos mentales. También nosotros podríamos beneficiarnos del uso de experimentos mentales en nuestras vidas.

Cómo aplicar este hábito

1. Empezar con una pregunta interesante
2. Desarrollar una hipótesis o conjetura sobre lo que usted cree que sería la respuesta

3. Pensar en qué personajes y objetos necesita para probar su hipótesis

4. Visualizar todos ellos en su mente tan vívidamente como sea posible

5. Imaginar mentalmente un escenario que ponga a prueba su hipótesis

6. Si usted tiene un problema, puede intentar nueva- mente o seleccionar otra pregunta para tratar su ex- perimento — no todas las preguntas pueden ser resueltas a través de experimentos mentales

Página web de interés

- http://www.pbs.org/wgbh/nova/physics/einstein-thought-experiments.html

#16. Llevar a Cabo Experimentos de Vida

Un experimento de vida suena como algo raro. Le prometo que no es tan malo — usted no necesitará una bata de laboratorio ni un bisturí. Tampoco tendrá que utilizar un estilo de laboratorio con precisión en la forma en que experimentará con su vida. De hecho, es probable que no sea capaz de hacerlo. Los científicos a menudo dividen a la gente en grupos, y probarán un tratamiento en un grupo y un placebo en el otro grupo. Esto les permite ver si el tratamiento tuvo algún efecto. Un ejemplo de un tratamiento sería probar un nuevo medicamento para ver si ayuda a las personas que sufren de ansiedad a reducir sus síntomas. Los científicos hacen cosas como elegir grupos al azar, y no revelan quienes recibieron el medicamento real, y quienes recibieron un placebo, porque esto les ayuda a evitar el sesgo en sus resultados. Otra cosa que también hacen los científicos es aislar las variables. Esto significa que ellos tratan de crear una situación controlada donde la única cosa que es diferente entre los dos grupos es el tratamiento utilizado.

En la vida real, no tenemos el lujo de ese gran nivel de control. Probablemente hay muchas variables en su vida en este momento sobre las que usted no tiene ningún control. Tal vez hay un bebé llorando en la otra habitación, o una moto ruidosa está pasando afuera, o los vendedores no paran de llamar por teléfono. Incluso, aunque no tenga la capacidad de crear experimentos en su vida absolutamente como un científico, usted todavía puede realizar un experimento exitoso y aprender algo nuevo.

A veces me gusta pensar sobre los experimentos de la vida de una manera más simple. Usted puede pensar en ellos como una cuestión de ensayo y error. Usted intenta algo nuevo, presta atención a la retroalimentación o a los resultados que obtiene, y a continuación trata de mejorar. Si algo funciona bien, puede seguir haciéndolo a menos que un día deje de funcionar. En ese momento, puede intentar experimentar de nuevo.

Gran parte de este libro ha tratado sobre el aprendizaje a través de otras fuentes (es decir, recursos en línea, libros, o grupos en la vida real), pero la gente suele olvidar, o simplemente no se da cuenta de que una de las mejores fuentes de conocimiento es usted mismo. No hay nadie más que sea como usted, así que solo porque lee que algo funciona para otras personas no garantiza que también funcionará para usted. Además, vivimos en un mundo muy dinámico en el que las cosas parecen cambiar y desarrollase cada vez con mayor rapidez. Algo que funcionó hace diez años, o incluso hace un año puede no funcionar bien actualmente o puede no funcionar exactamente en su situación particular. Una buena manera de evitar estos problemas, por supuesto, es experimentar por usted mismo.

Cómo aplicar este hábito

1. Elegir un objetivo
2. Hacer una lista de las variables importantes, o de las cosas que usted puede cambiar para influir en su objetivo (es decir, si el objetivo es pasar una en-

trevista de trabajo, usted puede cambiar su apariencia, actitud, o su currículum/hoja de vida)

3. Si usted quiere saber con cierta certeza qué cambios causan ciertos efectos, entonces usted puede cambiar solo una (o muy pocas) variable a la vez — entre menos variables manipule, más seguro puede estar de saber cómo obtuvo sus resultados. (Por ejemplo, cambiar su apariencia para ser más profesional y ver si tiene mayor éxito en las entrevistas de trabajo)

4. Si está ansioso por obtener algún tipo de efecto rápido, a continuación, cambiar varias cosas que usted está bastante seguro que están relacionadas con el resultado que desea. (Por ejemplo, cambiar su apariencia para que sea profesional, adoptar una actitud positiva y una sonrisa, mejorar su currículum, *y* continuar aprendiendo cosas pertinentes a su campo de estudio)

5. Comprobar qué tipo de resultados obtiene — buscar retroalimentación de expertos si es posible, sobre todo si siente como si estuviera en el camino equivocado

6. Es posible que desee registrar sus hallazgos para tener una referencia en el futuro, entonces usted pudiera hacer una conjetura (hipótesis) en cuanto a lo que usted podría hacer para mejorar más sus resultados

7. Si está satisfecho con los resultados, pasar a otro objetivo y empezar de nuevo. Si no está satisfecho, seguir trabajando en el mismo objetivo con los pasos 2-6, pero cambiar las variables con las que trabajó.

#17. Resolver Problemas de Matemáticas Mentalmente

Saber resolver mentalmente sumas, restas, y multiplicaciones básicas, es una habilidad inteligente. Este hábito le ayuda a asegurarse de que no le roben, y a facilitarle las cosas en la vida. Si usted toma demasiado tiempo para hacer un cálculo mental, alguien más pudiera estar allí para darle la respuesta. La cuestión es que pudieran mentirle, o cometer un error de cálculo que le costaría dinero o tiempo. Y si piensa que siempre podrá utilizar una calculadora, usted se sorprendería de la frecuencia con la que no tendría una a la mano cuando realmente la necesita. La mejor calculadora está en su cabeza si usted tan solo practica su uso.

Practicar retener números en su mente y trabajar con ellos puede ser útil para ejercitar su memoria. Esto es así porque al resolver operaciones mentalmente es necesario retener cosas en la mente a medida que se calcula algo más. Con la práctica mejorará en este tipo de actividades. Usted puede pensar que alguien es brillante solamente porque puede multiplicar números de dos dígitos, o porque puede sumar números de tres dígitos, o calcular una propina en cuestión de segundos, pero todas estas habilidades son aprendidas. Usted no nace sabiendo cómo hacer esto. La razón por la cual muchos de nosotros nos desempeñamos pobremente en algunas de estas cosas es porque nunca lo hemos tratado, o practicado. En la escuela primaria, por lo general nos permiten papel y lápiz para calcular todo. Más adelante, en la escuela secundaria nos permiten calculadoras. Nada de esto ayuda a nuestras habilidades de cálculo mental. Si queremos mejorar, tenemos que decidir entrenarnos nosotros mismos.

Tengo experiencia directa con este hábito, ya que cuando yo era niño mi padre me pedía que hiciera operaciones matemáticas mentalmente. Él anotaba una cantidad de números de dos dígitos y me decía que los sumara mentalmente sin escribir nada. Al principio pensé que eso era imposible, pero después de poco tiempo empecé a ser muy bueno. Cuando llegué a la escuela secundaria me di cuenta de que los estudiantes confiaban cada vez más en sus calculadoras, pero yo había conservado el hábito inteligente de hacer las operaciones básicas de matemáticas en mi mente. Esta habilidad resultó más útil de lo que yo habría esperado. La mayor parte del tiempo, aunque yo no supiera la respuesta exacta a los problemas más difíciles, yo podía determinar con éxito aproximadamente cuál sería la respuesta.

Cómo aplicar este hábito

- Cuando usted está haciendo compras, sumar el costo de los artículos mentalmente y verificar su resultado cuando llega a la caja

- Aprender algunas técnicas para hacer cálculos mentales

- Practicar calcular la propina del restaurante mentalmente

- Aprender las tablas de multiplicar hasta 12 x 12 o 15 x 15 o incluso 20 x 20

Páginas web de interés

- http://es.wikipedia.org/wiki/C%C3%A1lculo_me ntal

- http://www.ehowenespanol.com/calcular-propinas-cabeza-como_480816/

- http://math.wikia.com/wiki/Multiplication_table_ %28natural_numbers_up_to_20%29

Socializar Su Cerebro

Somos seres sociales. Como humanos hemos evolucionado en un contexto social. Nuestros antepasados trabajaron juntos para cazar, buscar comida, y en última instancia construir culturas y civilizaciones. Sin comunicación para compartir información, seríamos mucho más similares a nuestros primos primates — es decir, seríamos incapaces de progresar rápido en nuestra comprensión colectiva. La manera más obvia de que la socialización nos ayuda a aprender y comprender temas complejos es porque compartimos lo que aprendemos con nuestros semejantes. Por ejemplo, si usted tiene un mentor, o un amigo que es profesor, usted puede mejorar su comprensión de un tema simplemente hablando con este experto en la materia. Esta es una habilidad que a menudo damos por sentado, pero no deberíamos hacerlo porque es muy valiosa.

Las situaciones sociales también pueden ser muy estimulantes para nosotros en otras formas. Hay muchas cosas a las que prestarle atención, tales como las expresiones faciales, los movimientos de la mano, la información verbal, y si lo que se dice tiene un significado literal, figurado, o irónico. Las situaciones sociales pueden ser algo complejas lo que las convierte en un buen reto para la mente. Si usted está en un grupo, puede haber varias personas allí, lanzando ideas de un lado para otro. Usted tendría que evaluar si tiene algo útil o interesante que aportar, y cuándo sería el momento apropiado para hacerlo. Toda esta actividad representa un ejercicio muy saludable para la mente.

#18. Hablar con Niños que Tienen Curiosidad

Los niños suelen ser muy curiosos, y harán preguntas interesantes que le obligan a pensar. Si usted no conoce muchos niños, también es posible obtener un resultado similar tratando de pensar como un niño, imaginando que todo es nuevo y sorprendente. Incluso, nada más con salir al patio o a la calle usted puede tener todo tipo de preguntas. *¿De qué está hecho el arco iris? ¿De qué están hechas las nubes? ¿Por qué el cielo es azul?* Y así por el estilo.

Lo interesante es que por lo general las preguntas no se detienen ahí. Lo que sea que usted cuestiona provoca un mayor número de preguntas. Este tipo de curiosidad es una gran herramienta de aprendizaje para un niño, pero también puede ser una oportunidad para aprender más para un adulto. Es fácil sentirse frustrado con un niño y decirle que guarde silencio, o inventar una respuesta como 'la luna está hecha de queso y las nubes son de algodón'. Al contrario, estas preguntas deben ser tomadas como una gran oportunidad para avanzar en nuestra propia comprensión del mundo. Después de todo, gran cantidad de esta información está solo a unos pocos clics en Internet.

Otra razón por la que es buena idea hablar con niños curiosos es que respondiendo a sus preguntas le obligará a explicar cuidadosamente lo que quiere decir. Si usted utiliza una palabra compleja, tendrá que explicar. Si usted no es claro la primera vez, tendrá que explicar de nuevo. Esto puede ser muy difícil. Pero si los niños preguntan algo que parece demasiado complicado para ellos, como el funcionamiento de un coche, usted puede comenzar de una manera más simple y explicar por qué las llantas rueden suavemente contra el suelo.

Hace algunos años yo estaba en un vuelo y una niña de cinco años se sentó a mi lado. Ella procedió a tratarme como si me hubiera conocido toda su vida. Me hizo muchas preguntas, tales como por qué todo parecía tan pequeño afuera cuando ella miraba hacia abajo, por qué las nubes se movían tan rápido al lado de nosotros, y de dónde era yo. Cada pregunta dio lugar a muchas preguntas más. Mi mayor reto fue tratar de mantener mis explicaciones simples para ella, pero siendo aún informativo. No obstante, fue una experiencia divertida e interesante, y aprendí mucho de la interacción con esta pequeña, espero que también la experiencia haya sido divertida y educativa para ella.

Le dejo con la verdad que Einstein dijo una vez: "Si usted no puede explicarle algo a un niño de seis años, usted mismo no lo entiende".

Cómo aplicar este hábito

- Estimular a los niños en su familia a hacer preguntas

- Practicar pensar como un niño ingenuo y curioso — por ejemplo, seguir preguntando '¿por qué?'

- Ofrecer dar una presentación en una escuela o biblioteca explicando su trabajo (o alguna otra cosa sobre la que usted esté bien informado) a los niños — e invitarlos a hacer preguntas

#19. Tener una Conversación Estimulante con un Amigo que Provoca a la Reflexión

El intercambio de ideas con otras personas inteligentes es una gran manera de esforzarse y aprender cosas nuevas. Las personas inteligentes suelen estar bien informadas, tener curiosidad acerca de todo tipo de temas, y tienden a tener muchas ideas en su mente. Usted puede aprender fácilmente todo tipo de información en una conversación con una persona así.

Si comete errores en su manera de pensar o en su comprensión de algo, es más probable que usted sea corregido en una compañía inteligente. Por lo menos, usted tiene más probabilidad de escuchar hablar de nuevas perspectivas sobre un tema que puede no haber considerado en el pasado. Las personas más inteligentes tienden a considerar múltiples perspectivas en lugar de elegir un lado de forma automática.

Las personas talentosas suelen estar conscientes de una amplia gama de disciplinas o temas predominantes, y de la mejor manera de abordar diferentes problemas. Usted puede encontrar una manera más rápida, o una forma mejor de hacer algo, simplemente por tener una conversación casual con una persona inteligente.

Estoy seguro de que mi interacción con personas inteligentes e ingeniosas ha dado forma a mi comprensión de muchos campos de estudio y del mundo en general. Estas interacciones han tenido influencia en mi mente y en mi pensamiento. Un gran ejemplo del impacto significativo que otros han hecho en mí está en los hábitos que he discutido en este libro. La mayoría, si no todos los hábitos presentados aquí, son hábitos que he visto utilizar a personas que yo considero muy inteligentes.

Cómo aplicar este hábito

- Leer un periódico o un artículo de una revista científica y discutirlo con un amigo bien informado

- Si usted es estudiante, quedarse después de clase y hacer preguntas al profesor — no tiene que limitarse necesariamente al tema del día

- Conversar con profesionales o personas que trabajan en un área diferente y ver si puede aprender algo nuevo

#20. Enseñar o Mostrar a Alguien Cómo Realizar una Tarea

Usted podría pensar que conoce muy bien un tema, pero una buena manera de poner a prueba lo bien que usted sabe algo es enseñándole a otro. Usted tiene que dominar realmente una tarea o conocer bien un material para ser capaz de enseñarlo. Piense en ello, se espera que alguien que está enseñando, o mostrando a alguien más cómo hacer una tarea, debería dominar el tema. Si un estudiante hace una pregunta básica, o incluso una pregunta con algo de profundidad, por lo general se espera que el maestro sepa la respuesta, o que por lo menos tenga una buena idea de cómo pensar sobre el tema para llegar a la respuesta correcta.

Para enseñar hay que pensar desde la perspectiva de alguien que sabe exactamente lo básico, o quizás incluso menos. Es un reto. No es suficiente saber la respuesta correcta a un problema, sino que además hay que ser capaz de explicar de manera que tenga sentido para alguien con poca comprensión del tema. Tan fácil como puede parecer explicar algo que usted ya sabe cómo hacer, en realidad, los expertos pueden encontrar dificultad haciendo esto.

A veces, los estudiantes hacen preguntas difíciles que pueden provocar pensar más profundamente sobre un área. Un maestro puede estar familiarizado profundamente con un tema, pero aun así no poder contestar algunas preguntas. Generalmente cuando usted enseña o explica algo a otra persona, usted está obligado a darse cuenta de sus propias limitaciones en la comprensión de un tema. La enseñanza puede ayudar

59

a identificar esos vacíos para que usted sepa en lo que debe trabajar.

Cómo aplicar este hábito en su vida

- Cuando vea a un compañero de estudios o de trabajo atrapado en un problema que usted sabe cómo manejar, ofrecer ayuda voluntariamente

- De manera voluntaria ser tutor en una escuela local o en un centro de educación de adultos — hay muchas personas que podrían utilizar ayuda para aprender

#21. Practicar Pensar con Claridad

Es buena idea hacer una pausa en lugar de decir lo primero que se viene a la mente. Esto le permitirá tener tiempo para perfeccionar sus ideas y pensamientos en mensajes sencillos, claros y directos que puedan entenderse fácilmente. El objetivo de la comunicación es, por supuesto, poder expresar los pensamientos con claridad.

A menudo valoramos a pensadores rápidos que pueden dar rápidamente buenas respuestas sin pensar mucho, pero las respuestas mejores y más directas tienden a venir con algo de pensamiento detrás de ellas. Usted tiene que considerar quién es la audiencia. ¿Qué saben y qué esperan escuchar? Si usted está hablando sobre un tema sensible, también es importante tener en cuenta los sentimientos de la gente.

Aunque usted intuitivamente sepa lo que quiere decir de inmediato, necesita unos segundos para saber exactamente las palabras que debe utilizar para ser claro para su audiencia. A veces entendemos muy bien algo, pero la comunicación puede ser una forma de enseñar, y enseñar algo a otra persona puede implicar consideraciones adicionales. Tal vez algo que usted entiende fácilmente o intuitivamente es realmente un reto para otras personas. Es una cuestión que usted tendría que considerar.

Es más difícil arribar a un mensaje conciso y claro que decir lo primero que se viene a la mente — hacer el esfuerzo adicional puede ser un buen ejercicio para su mente. Para hacer esto, usted necesita tomar un momento para decidir la mejor forma de expresar declaraciones, cuáles son sus objetivos y cuáles son sus metas en su comunicación con alguien. Si usted siempre ha dicho lo que pensaba de inmediato, puede que se encuentre haciendo declaraciones que no están bien fundamentadas, o tomando más tiempo para explicar algo sencillo, o posiblemente incluso ofendiendo a la gente, porque usted no tomó su perspectiva en cuenta.

Cómo aplicar este hábito

- Hacer una pausa antes de hablar y pensar sobre lo que quiere decir

- Practicar organizar sus pensamientos antes de elegir un lado en una discusión o tema

- Tratar de escribir sus pensamientos — esta es una buena manera de analizar su forma de pensar y asegurarse de que es coherente, estructurada y útil para otras personas

- Si usted no puede pensar en una respuesta coherente dentro de un minuto, pida más tiempo para hacer un poco de investigación y poder organizar sus pensamientos

#22. Practicar Hablar Claramente

Es importante articular sus palabras, y evitar hablar demasiado rápido. Recuerde que el propósito de la comunicación es expresar sus ideas a otros con claridad. Cuando va mucho más rápido de la velocidad habitual, perderá a la gente — incluyendo su comprensión, y posiblemente su interés. A veces me siento perdido cuando los demás hablan demasiado rápido. Necesito un poco de tiempo para procesar las ideas. Y créame, no estoy solo en esto. Es importante asegurarse de que las personas pueden entender lo que usted dice y lo que usted quiere comunicar.

Haga un esfuerzo por expresar sus palabras con claridad y precisión. Muchas palabras suenan parecidas pero tienen significados diferentes. Búsquelas en un diccionario si usted no está seguro. Puede ser tonto y confuso usar la palabra incorrecta con un significado completamente diferente al que usted pretendía. Como ejemplo, usted no tendría 'un niño imperativo', pero es posible que sí tendría 'un niño hiperactivo'. Estas dos palabras tienen un sonido parecido, pero la primera declaración no tiene sentido mientras que la segunda si lo tiene.

Las personas inteligentes tienden a trabajar en sus habilidades de comunicación. Ellas hacen un esfuerzo para entender exactamente lo que la gente quiere decir. También hacen un esfuerzo por ser bien entendidas. Una forma sencilla de que lo entiendan mejor es hablar con más claridad y pronunciar las palabras como el diccionario sugiere. Una forma de lograr moverse en la dirección correcta es pasar más tiempo con personas que dan prioridad a hablar bien y con claridad. Usted podría aprender algo con solo escuchar.

Cómo aplicar este hábito

- Si le dicen que habla demasiado rápido, hacer un esfuerzo consciente para hablar más despacio — y decir a sus amigos que le señalen cuando usted les habla muy rápido

- Buscar palabras en *WordReference* en el Internet, si usted no está seguro de cómo pronunciarlas — hay un símbolo 'altavoz' junto a la palabra que usted busca que puede ser presionado para reproducir una grabación de la palabra

- Practicar decir en voz alta las palabras que le han dado algún problema, y preguntar a un amigo educado si usted está diciendo la palabra correctamente

Página web de interés

- http://www.wordreference.com/es/

Practicar Su Memoria

La memoria es una piedra angular para el desarrollo de una mente inteligente. Para todo lo que usted aprende y hace, usted debe recordar sus experiencias con el fin de realmente darles sentido y progresar en su comprensión. Nadie puede recordar todo, pero hay maneras para que usted pueda mejorar su capacidad para recordar cosas específicas.

En la sociedad de hoy en día nuestros recuerdos son cada vez más externalizados. Esto significa que confiamos en ordenadores, teléfonos inteligentes y otros dispositivos o computadoras portátiles para almacenar información importante para nosotros. Por lo tanto, somos menos propensos a ejercitar nuestras memorias porque toda la información que necesitamos está disponible fácilmente. Aunque esto puede ser una configuración muy conveniente, es importante que ejercitemos nuestras memorias si queremos mantenerlas fuertes y confiables.

Es fácil pensar que usted nació con la memoria que tiene, pero en realidad la memoria puede ser entrenada a un gran nivel. Un caso interesante es el de Joshua Foer, autor de *Moonwalking with Einstein*, quien fue capaz de elevar su memoria de aparentemente normal a ganar el Campeonato de Memoria de los Estados Unidos. Lo logró mediante la capacitación de su memoria específicamente en lo que se pondría a prueba en el Campeonato. Sin embargo, esta sección del libro se centra más en el entrenamiento de la memoria práctica para el uso diario. En cualquier caso, el punto es que su memoria se puede mejorar (y drásticamente) si usted trabaja en ello.

#23. Memorizar Números

Con nuestras memorias externas en forma de ordenadores, planificadores y teléfonos inteligentes, ya casi nadie parece recordar muchos números. Si usted necesita una dirección o un número de teléfono, la mayor parte del tiempo es simplemente más fácil buscarlo en su teléfono inteligente o en su tableta. En cualquier caso, la práctica de recordar números puede ser una habilidad muy útil. La mayoría de la gente de hoy sabe muy pocos números de teléfono — es poco probable que recuerden incluso el número de miembros de la familia o de amigos cercanos.

Aprender los números y tratar de recordarlos es un buen ejercicio que podemos intentar. Si el ejercicio le parece tonto y sin sentido, tenga en cuenta que un día en una emergencia, usted pudiera necesitar realmente un número de teléfono de alguien cercano a usted, y pudiera resultar que no tenga el teléfono inteligente a la mano. Memorizar números no le tomará mucho tiempo y podría ser realmente útil.

Yo soy un ejemplo de cómo una memoria buena para los números puede disminuir cuando se utiliza con poca frecuencia. Cuando yo era niño me gustaba aprender los números de teléfono. Todavía recuerdo muy claramente el antiguo número de mi abuelo. Él no ha vivido en la ubicación de ese teléfono durante unos 20 años. Sin embargo, cuando se trata de la actualidad, tengo familiares y amigos cercanos cuyos números me sería muy difícil recordar. Para ser honesto, no importa cuánto me esfuerce, yo todavía no recordaría algunos de ellos. Al igual que muchas personas, me he acostumbrado a que mi teléfono inteligente haga todo el trabajo. Sin embargo, es un buen reto para la mente el practicar recordar números de vez en cuando.

Cómo aplicar este hábito

- Practicar recordar:
  - Números de teléfono de amigos y familiares
  - Su número de seguro social o de identificación emitida por el gobierno
  - Las millas en el odómetro de su carro y ponerse a prueba usted mismo antes de empezar el coche de nuevo
  - Su número de matrícula de auto
  - Su número de tarjeta de crédito, si quiere un poco más de desafío adicional

#24. Recordar Su Día

Practicar recordar sus memorias día a día realmente ayuda con la finalidad de conservar sus recuerdos a largo plazo. Si alguna vez tiene dificultades para recordar algo que hizo o que sucedió en un evento al que usted asistió, simplemente la práctica de recordar su vida periódicamente puede ayudarle a fortalecer sus recuerdos. Cada vez que usted se concentra en recordar algo que sucedió, usted recrea esa memoria en su mente y la fortalece.

Recordar su día es una buena tarea analítica así como también es una tarea de memoria. Al reproducir sus memorias, usted puede darse cuenta de algo que no notó la primera vez que ocurrieron los hechos. Por ejemplo, usted puede recordar que una amiga le llamó y que usted prometió regresarle la llamada, pero nunca lo hizo. Hay todo tipo de detalles que usted puede notar si reproduce sus recuerdos.

Desde que he empezado a reproducir mi día antes de acostarme, siento que mi memoria está mejorando. A veces, me reto a mí mismo a recordar detalles específicos, tales como qué llevaba puesto un amigo mío, o cuáles eran mis tareas de trabajo para el día, o qué se dijo exactamente en una conversación. Haciendo esto me ha ayudado a mejorar mi atención y mi capacidad para recordar cosas.

Cómo aplicar este hábito

- Practicar recordar todo lo que hizo durante el día en orden

- Para desencadenar recuerdos, puede hacerse preguntas tales como:

  - ¿Qué hizo en la escuela o en el trabajo?

  - ¿Qué conversaciones tuvo?

  - ¿Qué comió?

  - ¿Qué ropa estaba usando usted o sus compañeros de trabajo?

  - ¿Ocurrió algo inusual?

#25. Si Usted Olvida Algo, Volver Sobre Sus Pasos

Ocasionalmente, todo el mundo se olvida de lo que estaba haciendo. Es importante saber qué hacer cuando esto sucede. No se frustre, simplemente vuelva sobre sus pasos.

En primer lugar, trate de volver sobre sus pasos mentalmente. De esta manera, usted obliga a su mente a trabajar más duro, pensando sobre todo lo que usted acaba de hacer. Si olvida lo que iba a decir, usted puede tratar de volver sobre lo que acabó de ocurrir en la conversación. ¿Qué estaba diciendo usted? ¿Qué estaba diciendo la otra persona? ¿Cuál es el tema general? ¿Ha sucedido algo recientemente relacionado con estos temas, que tal vez quería mencionar?

Si eso no funciona, siempre se puede volver sobre sus pasos físicamente, lo que probablemente reactivará lo que quería hacer porque usted verá otra vez los mismos estímulos. Por supuesto, esto únicamente funciona para ciertos tipos de olvido. Si usted olvida su lugar en una conversación, puede que no tenga mucho sentido volver sobre sus pasos físicamente, especialmente si usted estaba sentado sin moverse. Pero si entró en una habitación y se olvidó de lo que fue a buscar, usted siempre puede volver a la primera sala en la que se encontraba. Tal vez usted estaba haciendo algo que le hizo pensar que necesitaba ir a la otra habitación a buscar un artículo.

Volver sobre sus pasos no funciona todo el tiempo, pero esforzándose para recordar algo, puede ayudarle a perfeccionar su memoria.

Cómo aplicar este hábito

- Volver sobre sus pasos mentalmente cuando se le olvida algo
  - o Pensar en lo que estaba diciendo
  - o Pensar en lo que su interlocutor estaba diciendo
  - o Recordar cuál era el tema general
  - o Recordar si algo interesante sucedió recientemente que usted quería mencionar
- Volver sobre sus pasos físicamente si retrocediendo mentalmente no ha resuelto su problema
  - o Volver a la sala en que estaba
  - o Ponerse en la misma posición y tocar los mismos artículos o mirar a los mismos elementos que desencadenaron salir de la habitación

#26. Reorganizar Sus Artículos

Asumir que todos sus artículos están siempre en el mismo lugar no desafía su mente. Un buen ejercicio es mover alrededor los elementos que utiliza diariamente. Cuando usted se acostumbra a asumir que todo está en el mismo lugar, usted no tiene ninguna razón para utilizar su memoria. Es buena idea poner retos adicionales a su memoria para fortalecerla. Si no hacemos esto, nuestra capacidad de recordar puede empeorar con el tiempo.

Mover las cosas alrededor le entrena a prestar atención a los cambios, lo que ayuda a su memoria. Usted aprende a no asumir que todo está siempre en el mismo lugar. Usted comenzará a prestar atención cuando mueve un elemento de lugar. Este ejercicio puede parecer algo trivial, pero es una manera fácil de desafiarse para recordar.

Tengo unas cuantas cosas importantes que suelo dejar dispersas aleatoriamente en toda la casa. Esos artículos son mis zapatos, abrigo, cartera, teléfono y llaves. Esto no es intencional, a menudo pasa porque no tengo una rutina de poner todas mis cosas en un lugar determinado. Yo solía perder tiempo en las mañanas buscando mis pertenencias por diferentes habitaciones de la casa, pero ahora yo tomo un momento para pensar a dónde dejé mis cosas. A veces todavía lo olvido, pero mediante la práctica de reorganizar mis artículos, mi memoria ha mejorado al punto en el que a menudo recuerdo en qué lugar dejé todas mis cosas.

Cómo aplicar este hábito

- En la ducha, mover de lugar su jabón, champú y acondicionador (u otros elementos) — Antes de su próxima ducha, trate de recordar dónde dejó todo

- Tomar algo pequeño (y que no se confunda fácilmente con otros elementos) como un imán de nevera y colocarlo en un nuevo escondite cada par de días — su tarea consiste en recordar dónde lo escondió

- Poner algunos artículos importantes (tales como cartera, teléfono) en diferentes lugares en toda la casa y tratar de recordar dónde los dejó al día siguiente

#27. Esforzarse para Recordar

Cuando le hacen una pregunta, a veces parece más fácil responder que no sabe o que no recuerda. Tal vez usted si sabe, pero no se ha esforzado lo suficiente para recordar. Si no encuentra la solución de forma automática, piense un poco más. ¿Es la pregunta o el tema algo con lo que usted ha trabajado en el pasado? ¿Es algo que usted ha hecho? ¿Qué cosas ha hecho u observado en el pasado en relación con este tema?

Cuando usted hace una búsqueda mental para encontrar una respuesta, puede darse cuenta de que sabe más de lo que piensa. Tal vez puede combinar la lógica y la memoria. Usted pudiera recordar que hay tres cosas que necesita hacer para completar una tarea, pero pudiera no estar seguro del orden en que deben hacerse. Sin embargo, si piensa con lógica, puede darse cuenta de que el proceso solo funciona con éxito si lo hace en un orden específico. Al pasar por estos pasos usted pone su mente a través de un reto que la fortalece. Si sigue haciendo esto, su memoria y su capacidad mental mejorarán.

Una de las razones principales por las que menciono este hábito inteligente es porque yo tenía la mala costumbre de decir "no sé" demasiado rápido, en lugar de hacer una búsqueda mental de los recuerdos que necesitaba para resolver el problema. Ahora me doy cuenta de que decir "no sé" no solo es molesto si se dice con mucha frecuencia, sino que además si me tomo un momento para pensar, a veces realmente si sé la respuesta. Por lo menos si no sé la respuesta completa, a menudo resulta que yo sé más de lo que me estaba acreditando.

Cómo aplicar este hábito

- Hacer una pausa antes de hablar (como en el Hábito #21) es buena idea aquí también, así que tome un momento para reflexionar sobre sus recuerdos y llegar a una respuesta

- Pedir a un amigo o a su pareja que le recuerde pensar si usted dice "no sé" o "no me acuerdo" demasiado rápido a una pregunta (sobre todo si él / ella es consciente de que usted debe saber la respuesta)

- Utilizar todos sus sentidos para ayudarse a recordar (por ejemplo, ¿había algunos sonidos o algunos olores relacionados con su recuerdo?)

#28. Asociar Sus Experiencias Con Recuerdos Anteriores

Este hábito es realmente muy simple, pero me he dado cuenta de que puede ayudar a traer nuevamente los recuerdos que parecían perdidos temporalmente. Todo lo que tiene que hacer es seleccionar cualquier objeto o incluso una situación o un evento, pero los objetos son más simples. A modo de ejemplo, usted puede elegir un árbol en su patio. La tarea, entonces, es pensar hacia atrás en cualquier recuerdo que tenga con ese árbol. Entre más inusual sea el objeto, más probabilidades habrá de que traiga vívidos recuerdos con mayor facilidad, suponiendo que usted tenga recuerdos previos con ese objeto.

Lo que usted haría en este caso sería recordar tan vívidamente como fuera posible todas las memorias con ese árbol, cerca de él, o que involucren a ese árbol en el patio de su casa. ¿Subió al árbol cuando era niño? ¿Lo podó o contrató a alguien para hacerlo? ¿Sembró el árbol pequeñito o lo compró ya grande? ¿Puede recordar algunos animales o aves específicas que hayan vivido en ese árbol o cerca de él? Usted comprende la idea. Usted pensaría en todo lo que pudiera relacionarse posiblemente con su objeto o acontecimiento elegido.

El objetivo de este ejercicio es que usted pudiera llevarse una sorpresa de lo vívido de los recuerdos que puede recuperar si simplemente utiliza su entorno inmediato como punto de partida para recordar. Puede usar este hábito de diferentes maneras. Por ejemplo, si usted va afuera por la noche y contempla las estrellas, trate de recordar de nuevo diferentes momentos de su vida en que usted hizo lo mismo. Si llega tarde al trabajo, piense en otras ocasiones en que también sucedió lo mismo.

En cuanto más practique su memoria, más mejorará. Puede parecer muy difícil al principio pensar en los detalles específicos del pasado, pero con la práctica usted puede llegar a ser mejor. Con frecuencia, son recuerdos ocultos dentro de nosotros, pero tenemos que buscar para encontrarlos. A través de los años se han ocultado detrás de capas de nuevos recuerdos. La buena noticia es que usted puede aprender a descubrirlos mediante la práctica de este hábito.

Cómo aplicar este hábito

- Tomar algo en su entorno inmediato y pensar nuevamente en otros recuerdos que usted ha tenido con ese objeto — También puede hacer esto con hechos y experiencias

- Cuando ve a un amigo, o conocido, que no ha visto en varios días o por algún tiempo, pensar en la última conversación que tuvieron, o en la última cosa que ambos hicieron juntos (Esto también puede ser un buen hábito social)

- Usted puede incluso tomar una palabra que ve en un libro, y pensar de nuevo en lo que la palabra ha significado para usted — ¿cuándo aprendió el significado y en qué contextos ha visto la palabra?

Hábitos de Vida Útiles

En realidad, espero que todos los hábitos presentados en este libro sean útiles para usted de alguna manera. Esta sección en particular tratará sobre los hábitos inteligentes que usted puede implementar en su vida cotidiana. Son fáciles de usar, son eficaces, y pueden ayudarle a desarrollar aún más sus capacidades intelectuales.

#29. Pedir Ayuda Cuando la Necesita

Enfrentarse con un desafío difícil es algo que nos pasa a todos. Solo porque usted no sabe cómo hacer algo, no significa que nunca descubrirá cómo hacerlo. Cuando esto sucede, es buena idea buscar a alguien que sepa más sobre el tema y que pueda ayudarle a aprender. Usted puede sentirse incómodo pidiendo ayuda, pero si no está haciendo ningún progreso o si se está quedando atrás en algo importante que quiere o necesita aprender, a veces no hay una mejor opción. Lo bueno es que casi siempre hay alguien que está más que dispuesto a ayudar si usted busca a su alrededor.

Es común necesitar ayuda en algún momento, y realmente hace la diferencia conseguir esa ayuda en lugar de estar tratando de esforzarse por sí mismo una y otra vez, y otra vez, para llegar a una solución. Especialmente si usted no está consiguiendo ningún resultado al hacer esto. Si está estudiando o aprendiendo un tema difícil, puede que le sorprenda saber que muchas personas necesitan tutores y ayuda adicional.

Como ejemplo, yo cometí un error cuando era estudiante en la escuela secundaria. Álgebra era lo más difícil en el mundo para mí, pero me negué a recibir ayuda. Me pasaba horas frustrantes estudiando de noche, y aun así tenía una comprensión muy limitada. Finalmente, después de meses dependiendo de un hilo, decidí buscar ayuda. Por suerte, mi profesor se ofreció a darme clases por las mañanas. Después de dos meses de clases matutinas pasé de ser un estudiante frustrado de C/D con una comprensión pobrísima, a ser un buen estudiante de A-/B+ con muy buen entendimiento. No creo que hubiera logrado ponerme al día sin ayuda adicional. Una cosa importante que quiero destacar es que hoy en día me considero bastante fuerte en álgebra. Tuve que esforzarme y trabajar mucho para aprender (con la ayuda de un gran maestro), pero incluso después de años de no usar los principios fundamentales todavía puedo recordarlos.

Cómo aplicar este hábito

Si usted se siente perdido:

- Pedir ayuda a un profesor, mentor, amigo, o a alguien con conocimiento

- Buscar un grupo de estudio, o iniciar uno propio

- Encontrar un foro útil en línea donde usted pueda hacer preguntas, buscando en Google (Tema de problema + "foro")

#30. Formar Analogías

Las analogías son geniales para explicar conceptos a otras personas, y también son útiles para solidificar su propia comprensión de un tema. Como usted sabe, una analogía generalmente compara lo que está tratando de aprender con algo más que usted ya conoce. Es como un puente que construye un camino hacia un mejor entendimiento. Esta es una de las maneras más rápidas en las que usted puede formar nuevas conexiones y empezar a entender claramente un tema.

Con una analogía, algo que es complejo se puede hacer simple y fácil de entender — esto es muy potente. Con la analogía correcta un concepto confuso y sin forma, de repente puede tomar forma y tener perfecto sentido. Las analogías se refieren a tomar algo que se conoce comúnmente y traer claridad a un tema que usted no entiende del todo todavía. Son ideales tanto para la enseñanza como para el aprendizaje de nuevos conceptos e ideas.

A modo de ejemplo, en la película *Forrest Gump*, Forrest dice "La vida es como una caja de chocolates. Nunca sabes lo que te va a tocar". Esto es realmente un ejemplo magnífico de una analogía, porque Forrest utiliza algo concreto y fácil de entender, una caja de chocolates, para explicar algo más abstracto y no siempre fácil de entender, la vida. Por supuesto, la vida es mucho más compleja que una simple caja de chocolates. Pero la intención de una analogía no es explicar perfectamente algo complejo, es ayudar a fomentar el entendimiento de una manera práctica.

Cómo aplicar este hábito

- Pensar en algunas analogías que se aplican a su día a día — ¿Cuál es una buena analogía para lo que usted hace en el trabajo? ¿Cuál es una buena analogía para una afición en la que usted invierte mucho tiempo? Tal vez usted puede utilizar estas analogías para explicar rápidamente a otras personas lo que usted hace

- Comparar los conceptos que usted no entiende plenamente con otros sistemas con los que usted está más familiarizado

- Aprender de manera amplia sobre cómo funcionan sistemas diferentes para que tenga más analogías en mente para aprender rápidamente cosas nuevas (por ejemplo, mecánica, anatomía y fisiología, evolución, etc.)

#31. Escribir Sus Pensamientos (o Grabarlos)

Poner sus pensamientos en forma de palabras escritas hace que los desglose, y le obliga a aclarar exactamente lo que piensa, y por qué piensa de esa manera. Es un reto. Generalmente al escribir, es buena idea anotar las razones por las que usted siente o piensa como lo hace. Esto le empuja a pensar activamente sobre la situación, considerar los puntos de vista alternativos, y evaluar específicamente cómo llegó a sus conclusiones.

La escritura es un buen ejercicio para su memoria, ya que con cierta frecuencia usted querrá pensar de nuevo sobre las experiencias que ha tenido que apoyan su argumento o sus pensamientos sobre algo. Entre más eventos usted pueda recuperar de la memoria, que apoyen un punto, más probabilidades habrá de que sienta fuertemente que tiene una buena razón para creer lo que cree. Si encuentra apoyo débil en sus recuerdos, usted pudiera decidir que es mejor cuestionar sus pensamientos, y es probable que usted haya actuado demasiado rápido en tomar una posición sobre un tema.

Otra parte útil acerca de la escritura de sus pensamientos es que al mantener un registro de ellos, usted podrá revisarlos nuevamente más adelante. En el futuro, tendrá la capacidad de repasar sus pensamientos y evaluar si ha aprendido algo nuevo que invalida sus viejos pensamientos. O tal vez habrá aprendido algo nuevo que apoya aún más lo que usted pensaba. Otra posibilidad es que usted haya continuado en otra dirección, y encontrado temas que son de mayor importancia que los asuntos que solían interesarle.

Ocasionalmente, a lo largo de mi vida, he mantenido registros de algunos de mis pensamientos. Es interesante ver hacia atrás y darme cuenta de las cosas que fueron importantes para mí en diferentes momentos de mi vida. Los registros de mis pensamientos y de mis experiencias me han ayudado a evaluar mejor a dónde he estado y a dónde quiero estar en el futuro.

Cómo aplicar este hábito

- Registrar su progreso sobre un objetivo importante en su vida

- Registrar una gran experiencia de aprendizaje que haya tenido

- Escribir sobre un error que cometió y lo que aprendió de él

- Escribir sus pensamientos sobre un libro que leyó y lo que aprendió

- Mientras graba sus pensamientos, buscar apoyo de recuerdos o de hechos de por qué usted sostiene sus conclusiones y escribirlas también

#32. Organizar Sus Notas

Si usted tiene notas de trabajo (o archivos de ellas) que son importantes que sepa y comprenda, entonces organizarlas físicamente también puede ayudarle a organizarlas mentalmente. Usted puede sentirse confiado teniendo todas sus notas disponibles, pero esto no es suficiente para que ellas puedan serle útiles. Para entenderlas realmente las notas tienen que estar organizadas. Probablemente usted querrá tenerlas archivadas ordenadamente o tenerlas en un cuaderno o carpeta. Pero más allá de eso, la información necesita ser arreglada de manera que sea más probable que usted pueda entenderla y recordarla. La inteligencia no se trata solo de saber más hechos. Se trata también de la comprensión de cómo las cosas se relacionan, cómo están organizadas, y cómo funcionan.

Si tiene dificultad para entender algo, usted puede hacer un mapa mental, un esquema, un diagrama de flujo, o un diagrama de Venn, para dividir el material en pasos simples que realmente tengan sentido. (Si no está familiarizado con estos mapas y diagramas, puede encontrar enlaces informativos al final de esta sección.) Si usted está enfrentando muchos problemas tratando de comprender ciertos conceptos en relación con sus notas, usted puede incluso, crear un diccionario de términos para su uso personal.

Cuando tengo problemas para entender un área o un tema, me gusta hacer un mapa mental para ver cómo está todo interrelacionado y observar las interconexiones que existen. Por supuesto, su preferencia sobre la organización de sus notas realmente depende de su nivel de experiencia, cómo funciona su mente, y cuál es su área de estudio. Tal vez para sus notas, un diagrama de flujo, o un diagrama de Venn, tenga más sentido que un mapa mental. Esto es algo que usted tiene que considerar.

Cómo aplicar este hábito

- Utilizar un cuaderno, Evernote, u otro programa, para organizar los archivos, y eliminar o poner los artículos que ya no sean importantes en una carpeta de correo para basura

- Hacer un esquema

- Hacer un mapa mental

- Hacer un diagrama de flujo o diagrama de actividades

- Hacer un diagrama de Venn

- Crear un diccionario de términos (donde define conceptos importantes)

Páginas web de interés

- https://evernote.com/intl/es/

- https://es.wikipedia.org/wiki/Mapa_mental

- https://es.wikipedia.org/wiki/Diagrama_de_flujo

- https://es.wikipedia.org/wiki/Diagrama_de_Venn

#33. Definir Su Meta Principal para el Día

La gente inteligente completa sus tareas, y me he dado cuenta que definir la meta principal del día es uno de los hábitos más simples y más útiles para ayudar a enfocarse y para asegurarse de hacer las cosas. Claro, usted puede escribir sus metas #2 y #3, pero usualmente mi meta #1 dicta el tono general del día. Mis metas #2 y #3, y así sucesivamente suelen darse de forma natural como tareas que tengo que hacer para apoyar a mi meta #1 del día.

Un enfoque claro y dirigido es parte importante de ser inteligente. Una gran manera de hacerlo es saber exactamente lo que quiere lograr al día siguiente, sobre todo la prioridad fundamental. La gente inteligente evita perder tiempo en la mañana. Ellos ya saben de antemano qué es lo más importante que tienen que hacer. Es fácil perder el tiempo haciendo cosas que no son tan importantes cuando no tenemos algún plan definido. Es por esto que es prioritario, al menos conocer su objetivo fundamental para el día, todos los días. Es buena idea, ya sea hacer una nota la noche anterior, o al menos levantarse temprano en la mañana para asegurarse de que usted sabe cuál es su prioridad principal para el día.

Este hábito inteligente proviene de mi experiencia personal. Cuando no tengo claramente establecida mi meta para el día, me doy cuenta de que probablemente no empezaré a trabajar en nada importante hasta más tarde en el día. Si no tengo un plan definido, las primeras horas de mi día tenderán a utilizarse en cosas que pueden ser más fáciles, pero que no son especialmente importantes. Actualmente siempre me aseguro de seguir este hábito porque sé que me resulta muy útil.

Cómo aplicar este hábito

- Antes de ir a la cama, tomar una tarjeta de notas y anotar su prioridad #1 para el día siguiente, la cual usted absolutamente desea lograr — considerar una prioridad que si logra completarla, le acercará al cumplimiento de sus metas fundamentales

- Si usted piensa en algunas tareas que apoyan ese objetivo, puede anotarlas en su tarjeta también

- Asegurarse de poner el 100% de su enfoque en su prioridad principal hasta que haya terminado

#34. Pensar Por Adelantado y Tener Planes de Respaldo

A la mayoría de nosotros tal vez nos gustaría planear algo y luego implementar dicho plan. Por lo general, es útil tener un plan, opuesto a no tener idea de cómo querer hacer algo. Sin embargo, en ocasiones, los planes pueden cambiar de manera inesperada. No solo eso, sino que además muchas cosas suceden en el transcurso del día que no sería realista tratar de planificar de antemano absolutamente para todo.

Como resultado de que los planes cambian con frecuencia, y de no poder planificar para todo, es un hábito inteligente estar pensando regularmente por adelantado. Esta es una buena manera de evitar el auto-pilotaje y mantener su mente activa. Si va conduciendo su auto, usted puede pensar "¿Qué sigue?" *En primer lugar voy a llevar los niños a la guardería. Después voy a parar en el café para desayunar. Entonces voy a ir a trabajar, pero tengo que tomar una calle diferente porque la que yo suelo tomar está cerrada.* Tan simple como parece todo esto, si usted no está pensando por adelantado, es fácil perder tiempo o cometer un error costoso.

Pensar por adelantado y tener planes de respaldo es un hábito muy útil. Puede implicar la memoria, como en el ejemplo anterior donde el conductor recuerda que hay construcción y que deberá tomar una ruta diferente para ir al trabajo. Obviamente, implica habilidades de planificación, y usted puede tener que predecir qué sucederá después de realizar una acción determinada. Usted puede evaluar si hay mejores alternativas. Esto puede implicar cuestionar y analizar posibilidades. Este es un hábito útil porque usted puede ahorrar tiempo y evitar problemas.

Cómo aplicar este hábito

- Al conducir, preguntarse cuál es la mejor manera de llegar a su destino eficientemente

- Al hacer su trabajo, preguntarse qué tiene que hacer después de que haya terminado su proyecto actual

- Para eventos importantes, tratar de tener por lo menos un plan de respaldo que usted pueda implementar si las cosas no salen exactamente como esperaba

#35. Hacer el Aprendizaje Divertido, Interesante y Relevante

Algunas veces usted tiene que aprender algo porque es importante para la escuela, el trabajo o alguna otra tarea fundamental, y usted no tiene mucha opción. En ese caso, usted necesita encontrar una manera de hacer el aprendizaje divertido e interesante. Las personas inteligentes saben cómo aprender incluso cuando no tienen el estado de ánimo para hacerlo. Con frecuencia ellos están gustosos de aprender porque suelen tener mucha curiosidad, pero generalmente nadie está siempre en el ánimo de aprender todo.

Es importante aplicar este hábito, porque si su cerebro interpreta lo que está aprendiendo como algo árido y aburrido, entonces usted va a tener que repetir el material una y otra vez para poder aprenderlo, porque su cerebro le estará diciendo 'esto no es realmente importante'. Cuando usted encuentra una manera de hacer el aprendizaje divertido, atractivo y relevante para su vida, será mucho más fácil. Usted comenzará a absorber el material de tal manera que de otra forma no lo haría.

En lo personal, acostumbro buscar cuidadosamente la manera de determinar que lo que estoy aprendiendo sea relevante para mí, o trato de encontrar un escenario en el cual pudiera necesitar usarlo. Esto puede requerir bastante, especialmente para temas más abstractos o temas que involucran períodos de tiempo pasados. Una cosa que me ayuda a seguir adelante es que no me gusta ser visto como ignorante.

Sin embargo, esto solo puede llevarme hasta cierto punto. Si la presión para aprender algo que me parece aburrido es elevada, intento convertir el aprendizaje del material en un desafío divertido de algún tipo.

Cómo aplicar este hábito

- Practicar inventar historias divertidas de lo que está aprendiendo

- Practicar encontrar relevancia personal en lo que aprende

- Practicar dramatizar lo que aprende como si se tratara de una película de Hollywood

- Para historia, pretender que usted es el personaje principal — esto ayuda a hacerlo importante, y convertirlo en algo emocionante y vivo

#36. Aplicar lo que Lee o Aprende

Usted debe darse cuenta de que la mejor manera de aprender realmente algo es tratarlo usted mismo. Es importante que cuando un tema sea importante para usted se asegure de no obsesionarse demasiado leyendo o analizando sin fin. La lectura y el análisis son buenas formas de aprendizaje y de desarrollar su pensamiento, pero en algún momento lo mejor que puede hacer es poner lo que sabe en práctica.

Es común que la gente se preocupe de cometer un error, y esto es una posibilidad real en todo lo que hacemos. Cuando los posibles errores son más costosos, tal vez sea buena idea leer más y analizar más. Pero cuando los posibles errores probablemente no cuesten mucho, es mejor leer menos, analizar menos, y hacer algo en su lugar. Usted puede aprender mucho al usar lo que ha aprendido en los libros y a través del pensamiento y la planificación. Muchas veces las cosas no saldrán como usted lo había planeado, o usted cometerá errores que no esperaba hacer. Y lo mejor que puede hacer es aprender de esos errores.

Si usted ha estado leyendo acerca de jardinería por cierto tiempo, es posible que ya desee dar el paso y comprar algunas semillas o plantas pequeñas y sembrarlas de una vez. Si usted ha estado leyendo sobre técnicas de natación, pero no sabe nadar, usted podría estar en una mejor situación si se registra para recibir lecciones de un buen instructor. Además, si usted ha visitado museos de arte para obtener una buena idea de cómo hacer una pintura, es posible que desee tomar un pincel ya y empezar en alguna parte.

El problema que tenemos es que a veces nos quedamos atrapados en una rutina de lectura y análisis, en lugar de actuar y de hacer algo. Está bien leer y analizar, simplemente haga un esfuerzo para estar alerta cuando lo único que esté haciendo sea alimentado el miedo de cometer un error, en lugar de dar el paso y ver realmente qué puede hacer.

Cómo aplicar este hábito

- Al leer o aprender algo nuevo, preguntarse con frecuencia cómo se aplica el material a su vida y cómo puede adaptar la información a sus necesidades específicas

- Si se queda atascado en una rutina de análisis de las mismas posibilidades una y otra vez, o si se encuentra más preocupado acerca de lo que puede salir mal que acerca de cómo avanzar, debe considerar empujarse y tomar medidas — Por supuesto, el análisis tiene sentido cuando los riesgos son demasiado altos para tomar medidas apresuradas

- Si tiene un maestro que no expone claramente el uso práctico de lo que enseña, entonces adelántese y haga preguntas

Practicando Hábitos Inteligentes

Recuerde que los hábitos inteligentes son diferentes a otros tipos de hábitos. Si advierte que usted rutinariamente y fácilmente implementa un hábito, cambie su enfoque a algo nuevo y diferente. En vez de hacer la misma cosa una y otra vez, mantenga su mente aguda trabajando en otros hábitos inteligentes. Por lo general, yo me concentro en pocos hábitos a la vez. Mediante el uso frecuente de algunos de ellos, tales como hacer preguntas (Hábito #6) y resolver problemas de matemáticas mentalmente (Hábito #17), ellos se han convertido de cierta manera en algo automático. Los utilizo regularmente, pero no necesito pensar en ellos ni planear su uso. En cambio tiendo a enfocarme en hábitos que me proporcionan más desafío y que posiblemente no haría de forma automática, tales como esforzarme para recordar (Hábito #27) o pensar por adelantado y tener planes de respaldo (Hábito #34).

Planear - Hacer - Revisar - Actuar (como aparece en la portada del libro)

Este sistema para el uso de los hábitos inteligentes es bastante sencillo. No es esencial que usted lo utilice, pero este sistema es una manera útil de pensar acerca de los hábitos y de ponerlos en práctica en su vida. **En primer lugar, planear qué hábitos desea utilizar.** Tal vez usted nada más quiere enfocarse en una sección, como "Desafiarse a sí mismo y tratar cosas nuevas", o quizás quiere probar todas las secciones. Elija los hábitos que son importantes para sus objetivos. **En segundo lugar, hacer los hábitos.** Tratarlos y ver cómo le va. **En tercer lugar, revisar su progreso.** ¿Hay algo que pueda hacer para utilizar mejor los hábitos? ¿Necesita más práctica o hay un mejor hábito que pueda satisfacer sus necesidades? **Por último, usted debe actuar**. Esto significa que tome acción practicando los hábitos fundamentales para sus objetivos. Si únicamente es capaz de hacer un hábito a la vez, está bien. Si usted quiere probar tres o cuatro, también puede hacerlo. Una vez más, cuando usted domina un hábito, le recomiendo buscar un nuevo hábito inteligente para enfocarse. De esta manera, siempre se estará desafiando.

A partir de aquí, ¿a dónde va?

Si el sistema "Planear - Hacer - Revisar – Actuar" es mucho de qué preocuparse, entonces solamente trabaje en sus hábitos inteligentes cuando tenga tiempo. Lo importante es asegurarse de que usted esté desafiando su mente. El denominador común en todos los hábitos de este libro es que tienen el propósito de desafiarlo de alguna manera. Usted no querrá sentirse frustrado con demasiado reto, y tampoco querrá hacer cosas que son demasiado fáciles para usted. Es importante encontrar el equilibrio adecuado. Esos son los mejores hábitos inteligentes. Usted puede incluso descubrir algunos de sus propios hábitos inteligentes que puede aplicar, y eso también es genial.

He observado estos hábitos en algunas de las personas más inteligentes que he conocido, y algunos hábitos los he descubierto por mí mismo. Los hábitos que descubrí personalmente, fue generalmente al darme cuenta de que utilizaba malos hábitos que no me estaban funcionando, o cuando alguien me señaló que yo tenía un mal hábito. No pretendo ser perfecto y no siempre sigo todos los hábitos en la lista. Es un esfuerzo continuo, pero creo que vale la pena y definitivamente continuaré esforzándome para ponerlos en práctica en mi vida. Por supuesto, que la mejor parte es que cualquier persona puede empezar a trabajar en estos hábitos enseguida.

Me gustaría añadir un último consejo antes de dejarlo para que empiece. Como he señalado anteriormente, aprendí sobre muchos hábitos inteligentes a través de la observación. Si hubo un momento en que me di cuenta de que había hecho algo tonto, yo simplemente me detendría y me preguntaba qué podría haber hecho mejor. Si me daba cuenta de que alguien que consideré inteligente tenía un hábito específico que le dio buenos resultados, yo prestaría mucha atención a eso. A veces incluso, me atrevería a preguntar qué estaban pensando o cómo llegaron a solucionar un problema. Usted se sorprendería de todo lo que puede aprender simplemente a través de la observación y formulación de preguntas.

Por medio de mis observaciones y preguntas, he llegado a creer más firmemente que lo que separa a los individuos que son muy inteligentes de todos los demás, es que ellos han aprendido qué tipo de hábitos logran los mejores resultados. Estos hábitos suelen ser los que desafían la mente y los que implican aprendizaje y esfuerzo para entender cada vez más. Después de identificar estos hábitos, las personas talentosas se comprometen a tomar medidas y a usarlos con regularidad. Los hábitos que usted necesita para empezar a desafiar su mente están en este libro. Para mejorar sus habilidades, y obtener resultados favorables en su vida usted tendrá que ponerlos en práctica.

Agradecimiento

Gracias por tomar el tiempo para leer este libro. Espero que haya encontrado información útil. Solo recuerde que una parte fundamental del proceso de aprendizaje es poner en práctica lo que lee.

Antes de que se vaya, me gustaría invitarle a obtener su guía gratuita de *Fortalezca su Aprendizaje: Herramientas Gratuitas para Aprender Casi Cualquier Cosa*. Todo lo que tiene que hacer es escribir en su navegador:

http://mentalmax.net/ES

Además, si tiene cualquier pregunta acerca de este libro, puede enviarme un mensaje y me pondré en contacto con usted tan pronto como sea posible. Por favor escriba el título del libro, sobre el que está comentando, en la línea de asunto. Mi correo electrónico es:

ic.robledo@mentalmax.net

Más Libros de I. C. Robledo

Amazon.com/author/icrobledo

Herramientas Intelectuales de los Genios

Domine su Enfoque

Nadie Me Enseñó Cómo Aprender

44 Apps Inteligentes para Ejercitar su Cerebro

Listo para Cambiar

Vida Inteligente: Colección (Libros 1-6)

Secretos Clave de los Genios

Abundancia de Ideas

Memoria Práctica

Apéndice: Lista de Páginas Web de Interés

Nota: Para hacer clic en los enlaces de los sitios web, vaya al siguiente sitio: https://goo.gl/GAATPf

Aprender Algo Todos los Días

http://cnnespanol.cnn.com/

http://noticias.univision.com/

http://bbc.co.uk/mundo

https://es.wikipedia.org/wiki/Especial:aleatoria

http://www.cuentocuentos.net/cuentos-adultos/1/

http://www.gutenberg.org/browse/languages/es

http://nationalgeographic.es/videos

https://www.ted.com/talks?language=es

https://www.google.es/videohp?gws_rd=ssl

https://www.youtube.com/channel/UCSSlekSYRoyQ
o8uQGHvq4qQ

http://www.apple.com/es/itunes/download/

http://radioambulante.org/

https://www.examtime.com/es/blog/mejores-
podcasts-educativos/

http://www.elcastellano.org/palabra.html

http://etimologias.dechile.net/

http://es.duolingo.com/

http://www.memrise.com/courses/spanish/

https://es.khanacademy.org/

http://www.oeconsortium.org/courses/language/Spanish/

http://ocw.mit.edu/courses/translated-courses/spanish/#brain-and-cognitive-sciences

https://www.coursera.org/courses?languages=es

http://www.meetup.com/es/

Desafiarse y Tratar Cosas Nuevas

http://es.websudoku.com/

http://servicios.elpais.com/juegos/nuevos/

http://ajedrez.chess.com/

http://www.jorigames.com/juegos-gratis-multijugador.php

http://www.unobrain.com/juegos-mentales-gratis-estimula-tu-cerebro-unobrain

http://www.lumosity.com/landing_pages/577

http://www.pbs.org/wgbh/nova/physics/einstein-thought-experiments.html

http://es.wikipedia.org/wiki/C%C3%A1lculo_mental

http://www.ehowenespanol.com/calcular-propinas-cabeza-como_480816/

http://math.wikia.com/wiki/Multiplication_table_%28natural_numbers_up_to_20%29

Socializar Su Cerebro

http://www.wordreference.com/es/

Hábitos de Vida Útiles

https://evernote.com/intl/es/
https://es.wikipedia.org/wiki/Mapa_mental
https://es.wikipedia.org/wiki/Diagrama_de_flujo
https://es.wikipedia.org/wiki/Diagrama_de_Venn

Made in the USA
Monee, IL
30 April 2021

67304258R00067